现代高校
德育协同教学探索与实践

XIANDAI GAOXIAO DEYU XIETONG JIAOXUE
TANSUO YU SHIJIAN

张志伟　范文慧　刘　凌　著

图书在版编目（CIP）数据

现代高校德育协同教学探索与实践 / 张志伟, 范文慧, 刘凌著. -- 重庆 : 重庆出版社, 2025.6. -- ISBN 978-7-229-20298-9

Ⅰ. G641

中国国家版本馆 CIP 数据核字第 2025PT2015 号

现代高校德育协同教学探索与实践
XIANDAI GAOXIAO DEYU XIETONG JIAOXUE TANSUO YU SHIJIAN

张志伟　范文慧　刘　凌　著

责任编辑：胡　苏
装帧设计：万典文化

重慶出版社 出版

重庆出版社职教分社出品
重庆市南岸区南滨路 162 号 1 幢　邮政编码：400061　http://www.cqph.com
重庆市开州印务有限公司印制
重庆出版社有限责任公司至行传媒分公司发行
E-MAIL：cqphzjfs@163.com　联系电话：023-61520630
全国新华书店经销

开本：787 mm ×1092 mm　1/16　印张：11.5　字数：235 千
2025 年 6 月第 1 版　2025 年 6 月第 1 次印刷
ISBN 978-7-229-20298-9
定价：49.80 元

如有印装质量问题，请向本社至行传媒分公司调换：023-61520629

版权所有　翻印必究

前　言

随着社会的快速发展与全球化浪潮的推动，教育面临前所未有的挑战与机遇。在这个信息化、数字化飞速发展的时代，高等教育不仅要传授给学生专业知识，更需要引导学生树立正确的世界观、人生观和价值观，全面培养学生的德智体美劳等方面素质，推动学生成为具备社会责任感、创新意识和实践能力的全面人才。特别是在我国高等教育改革的不断深入与教育质量标准逐步提高的背景下，高校德育工作显得越发重要，德育工作已经成为高等教育的核心内容之一。另外，全球化和信息化进程加快也对教育提出了新的要求，在这一背景下，单纯的知识传授已经无法满足时代对高素质人才的需求。人才培养的目标不再仅仅是传递书本知识，更在于如何培养学生的综合能力，尤其是德育素养。随着社会各界对德育重视程度的不断提高，越来越多的高校意识到，德育不仅是课堂教学中的一项任务，也是学生整体成长过程中必不可少的一部分。它不仅影响学生个人的世界观、人生观、价值观的塑造，还直接关系到他们在社会中的行为表现与责任担当。党的二十大报告指出，"育人的根本在于立德。全面贯彻党的教育方针，落实立德树人根本任务，培养德智体美劳全面发展的社会主义建设者和接班人"。国家在政策层面上加强了对德育工作的指导，强调要强化社会主义核心价值观的宣传与教育。这一根本任务对高校德育工作提出了新的要求和挑战。德育不再仅是单一学科或单一教育环节的任务，而是学校整体教育理念与实施策略的一部分。从课程体系的建设到课外活动的组织，从校园文化的培养到校内外资源的整合，德育的内容与形式都在不断创新与拓展。如果德育能够在高校教育中得到充分的协同教学，它将不仅能够提升学生的个人素养，更能促进学校教育质量的全面提升。

《现代高校德育协同教学探索与实践》正是在这种全新教育需求的驱动下应运而生。本书的目的在于系统研究和探索如何通过协同教学模式有效提升高校德育的实效性与影响力。在高校教育的多元化与跨学科融合的趋势下，德育的教学方法与手段也面临革新与变革。传统的德育教学方式往往侧重于课堂传授和思想政治理论课程的讲授，但这一方式未必能充分激发学生的德育认知与情感。如何打破学科壁垒，如何实现不同课程与德育的深度融合，如何更好地利用课外实践和社会资源进行德育教学，这些问题都迫切需要我们进行深入探讨。

本书提出的德育协同教学模式，是基于现代教育理念的一种全新尝试。该模式强调教育过程中各学科之间的协同合作，倡导将德育课程与其他课程有机结合，使学生在知识学习的同时，能够潜移默化地接受德育的熏陶。这不仅仅是课程内容的相互交织，更是教育理念的共同引领，力求通过跨学科的协作来增强德育的渗透力和影响力。通过这种方式，德育不再是孤立的课程，而成为学生全面发展的推动力量，帮助学生在实践中认识、理解和践行社会主义核心价值观，从而实现知识、能力和道德素养的全面发展。同时，德育协同教学模式还特别注重跨领域的合作。它不仅涉及课堂教学，还包括课外活动、社会实践、志愿服务等各类学习与实践环节。这种跨领域的协作，打破了传统的课堂限制，为学生提供了更多元的德育体验。通过在多个领域的互动与融合，德育教学能够更有效地激发学生的参与感与责任感，帮助他们在真实的社会情境中进行自我认知与成长，从而更好地实现德育的根本目标——培养全面发展的社会主义建设者和接班人。

本书的结构设计从理论基础到实践探索，系统深入地分析了德育协同教学的各个维度。首先，书中将深入探讨高校德育协同教学的理论基础，全面分析马克思主义教育观与现代教育学理论如何为德育协同教学提供思想依据。此外，我们还将研究国外高校在德育方面的经验与教训，以便从中汲取有益的思想和方法，拓展国内德育协同教学的理论视野和实践路径。接下来，本书将详细讨论高校德育协同教学的目标与内容设计。从培养目标的确定，到如何在课程体系中进行协同优化，进而深入探讨德育教学的主要内容如何与实际社会需求、学生发展需求相结合，力求在理论与实践的互动中探索出一条符合现代教育发展趋势的德育教学路径。德育不仅仅是课堂中的教化过程，更是对学生思想、情感与行为的全方位塑造，因此，协同教学模式下的目标与内容设计至关重要。此外，本书还将提出不同的高校德育协同教学模式，并通过具体案例进行详细解析。课堂教学中的协同模式、课外实践中的协同模式、校内外资源整合的协同模式等多个维度的教学实践将帮助我们更好地理解如何将德育融入学生的日常学习与生活，确保德育工作的全面性与高效性。

高校德育教学的改革与创新离不开教师队伍的建设与发展。本书将从德育教师的角色转变、能力要求以及教师的培养与发展等方面进行探讨，分析在新形势下，德育教师如何不断提升自己的专业素养与教学能力，从而更好地服务于德育协同教学的实施。此外，德育教师与社会资源的协同也是本书的重点讨论内容，通过对社会资源的整合与利用，进一步增强德育工作的实效性和影响力。

前 言

　　随着数字化技术的不断进步，德育教学的形式与手段也发生了深刻的变革。本书的最后部分将重点探讨德育教学的数字化转型，特别是在智慧校园环境下，如何利用信息技术平台开展德育协同教学，如何借助在线课程、混合式教学以及大数据分析等手段提高德育教学的效果和效率。

　　总的来说，本书不仅仅是对高校德育协同教学的理论与实践的总结，还通过系统化的分析与探索，为广大教育工作者、学者及高校管理者提供了新的思路与方法。我们相信，随着德育协同教学模式的不断创新与推广，必将有助于培养更多具有良好社会责任感、创新精神和实践能力的高素质人才，为国家的发展与社会的进步贡献力量。希望本书的内容能为广大师生和教育工作者提供有益的启示，帮助高校在德育工作中实现更高水平的教学创新，推动我国高等教育事业向着更加现代化、国际化和多元化的方向发展。

作者
2025 年 3 月

目 录

第一章	导论	01
	第一节 研究背景与意义	01
	第二节 国内外研究综述	06
第二章	高校德育协同教学的理论基础	20
	第一节 马克思主义教育观与德育协同教学	20
	第二节 现代教育学与协同教学理论	27
	第三节 高校德育协同教学的国际经验借鉴	33
第三章	高校德育协同教学的目标与内容	42
	第一节 高校德育协同教学的培养目标	42
	第二节 高校德育课程体系的协同优化	48
	第三节 高校德育协同教学的主要内容	54
第四章	高校德育协同教学的模式探索	62
	第一节 课堂教学中的协同教学模式	62
	第二节 课外实践中的协同教学模式	70
	第三节 校内外资源整合的协同教学模式	79
第五章	高校德育协同教学的课程改革实践	91
	第一节 高校思政课程的协同教学改革	91
	第二节 通识教育课程中的德育协同教学	98
	第三节 实践类课程的德育协同教学改革	106
第六章	高校德育协同教学的教师队伍建设	116
	第一节 德育教师的角色转变与能力要求	116
	第二节 高校德育教师的培养与发展	121
	第三节 高校德育教师与社会资源的协同	125
第七章	高校德育协同教学的学生参与机制	129
	第一节 课堂内外协同的学生自主学习模式	129

第二节　学生社团与校园文化活动的德育实践 …………… 136
　　第三节　学生德育评价与成长档案管理 ………………………… 143
第八章　高校德育协同教学的数字化转型 …………………………… 151
　　第一节　智慧校园环境下的德育协同教学平台 ……………… 151
　　第二节　在线课程与混合式教学的应用 ………………………… 159
　　第三节　大数据分析在德育效果评估中的应用 ……………… 166
参考文献 ………………………………………………………………… 173

第一章 导论

在当代高等教育中,德育作为培养学生社会主义核心价值观和道德素养的重要组成部分,已被广泛重视。然而,传统的德育教学模式往往局限于课堂讲授,缺乏有效的互动与实践,难以在全面提升学生思想政治素质方面发挥最大效能。随着社会的发展和教育改革的深入,如何创新和优化德育教学模式成为当今高等教育亟待解决的问题。

德育协同教学模式的提出,旨在通过整合校内外各类教育资源,促进教学过程中的多方协作与互动,实现教学效果的最大化。这一模式不仅着眼于课堂内外的有机结合,还强调教师、学生、家庭及社会等各方力量的共同参与,从而推动德育教育的全面发展与有效实施。通过这种协同教学模式,德育不仅仅局限于课程内容的传授,更通过实践活动、校园文化、社会服务等多元化的手段来实现学生的德育培养与价值引导。

第一节 研究背景与意义

一、研究背景

(一)社会与教育发展的需求

随着社会的飞速发展和信息化、全球化的不断推进,传统的教育模式,尤其是德育教育的方式,已经难以适应新时代的需求。社会的快速变革带来了思想观念的多元化,传统的价值观、道德观和社会观念发生了深刻的变化。与此同时,科技的飞速进步和全球化的广泛影响,使得学生们面临一个充满复杂性、快速变化的社会环境。在这样的背景下,大学生群体在面对这些挑战时,往往产生思想上的困惑和价值观的冲突,进而导致道德认同的模糊与摇摆。传统的德育教育方式往往以单一的理论灌输和规范要求为主,缺乏对学生个性化发展和多样化需求的响应,未能有效引导学生在多元文化环境中找到属于自己的价值定位。

现代大学生在信息化时代中成长，面临知识更新速度的加快、全球化影响的深远以及信息过载的困境。在这个信息爆炸的时代，大学生不仅需要具备专业知识和技能，更需要具备良好的思想政治素质和道德修养。然而，传统的德育教育模式往往侧重于知识的传授与规范的执行，缺乏对学生个体思维、情感和行为的多元引导，导致其在面对社会变革、价值观冲突和自我认同等问题时，缺少有效的引导和支持。这种单一的德育模式已无法适应学生在新时代背景下的成长需求，无法提供他们在面对复杂社会环境时的思想引领与道德支持。

特别是在全球化背景下，学生受到了来自不同文化和价值观的多重影响，全球文化的快速传播让学生的思想意识更加开放和多元化。然而，这种文化多样性也带来了价值冲突和认同危机。部分学生可能会感受到来自外部世界的冲击，在情感和认知上产生困惑，不知道如何在多元文化中找到自己的位置，甚至可能在价值观的选择上出现摇摆。这使得学生更需要通过系统的德育教育，形成正确的道德观、价值观和世界观，培养他们坚定的社会责任感和历史使命感。

在这种复杂的社会背景下，德育教育显得尤为重要。大学生作为社会的未来栋梁，其思想政治素质与道德修养问题受到社会的高度关注。作为国家和民族的希望，他们的成长质量直接影响到社会的未来发展。然而，尽管高校在德育教育方面做出了诸多努力，现实中仍面临许多挑战。现行德育教育仍存在一定的形式主义和碎片化问题，课堂教学的效果往往不如预期，学生对德育课程的参与度较低，实践活动的效果不显著。因此，如何通过更加创新的方式提升大学生的思想政治素质，帮助他们树立正确的价值观、增强社会责任感与道德担当，成为当代教育改革中不可回避的重要课题。

为了适应新时代的需求，德育教育必须进行转型和创新。传统的德育模式亟待更新和完善，需要融入更多符合学生特点、贴近生活实际的教育手段。德育教育不应仅仅停留在抽象的理论授课上，更要通过多元化的教学方式和互动平台，培养学生的独立思考能力、批判性思维和社会实践能力。在这个过程中，教育者不仅需要帮助学生提高思想政治素质，还要引导他们认识到个人与社会的关系，塑造他们在全球化背景下的责任感和使命感。通过创新教学方式和内容，德育教育才能更好地回应新时代的挑战，为学生的全面发展奠定坚实的思想基础，培养出具有社会责任感、道德担当和创新精神的青年人才。

（二）德育教育的现状与问题

当前，高校德育教育在实践中普遍存在一些问题，这些问题在一定程度上影响了德育教育的效果，制约了学生综合素质的提升。首先，德育教育的理论与实践脱节较为严重。虽然高校在德育课程设置上有明确要求，但许多学校仍然沿用传统的德育教育模式，教学内容往往过于抽象、理论化，未能有效地与学生的实际生活和社会实践紧密结合。学生在课堂上学习的道德理念，往往难以与其日常生活中的实际情况产生联系，缺乏切身的感受和理解。因此，德育教育的内容虽然充实，但学生在实践中往往无法主动运用这些道德理念，导致其道德行为和思想政治素质难以得到有效提升。

其次，德育教学方法单一，缺乏创新和互动。当前大多数高校的德育教育仍然依赖传统的教学模式，教师主讲、学生被动听讲的情况比较普遍。课堂上，教师主要以单向讲授的形式传授知识，缺乏与学生的互动和深度交流，教学内容的呈现方式较为枯燥乏味，学生对德育课程的兴趣和关注度不高。由于缺乏互动和参与，学生的学习动力和积极性普遍较低，许多学生在德育课堂上处于被动接受的状态，难以主动思考和实践，德育教育的效果远低于预期。

再次，德育教育的学生参与机制不完善。德育教育的目标是培养学生的道德修养和思想政治素质，而这一过程需要学生的主动参与和实践。然而，当前的德育教育往往仅通过理论授课进行，学生更多的是通过"被动接受"来完成学习任务，缺乏自我反思和行为的内化。德育教育的设计和实施更侧重于对理论知识的灌输，忽视了对学生情感和实际行为的培养，使得学生的德育认识无法真正内化为日常生活中的行为习惯与道德选择。此外，很多学校缺乏有效的机制来激励学生参与到德育活动中，学生的自觉性和主动性较差，德育教育的实践性和实效性受到限制。

这些问题不仅影响了德育教育的效果，也制约了学生综合素质的提升，使得德育教育未能充分发挥其应有的育人功能。尽管高校在德育教学上付出了大量的努力，但仍然未能突破传统教学模式的局限，造成了德育教育与学生实际需求之间的脱节。因此，改革德育教学模式，特别是探索更具互动性和实践性的协同教学模式，成为解决这些问题的关键。

协同教学模式强调多方合作与资源整合，能够调动学生的主动参与，使学生不仅在课堂上获得知识，还能通过实践活动、社会服务等形式进行德育教育的延伸与深化。这种模式能够突破传统教学的局限，强化理论与实践相结合，帮助学生将所学的道德理念转化为日常行为，提高德育教育的有效性和影响力。

（三）协同教学的提出与应用

协同教学作为一种创新的教学方法，近年来在教育领域得到了广泛的关注和应用。其核心理念在于通过教师、学生及其他教育资源的有机结合，推动多方协作和互动，从而实现知识的共同建构和能力的综合培养。与传统的单向知识传授模式不同，协同教学注重多方参与的互动，强调学习过程中的合作与共同发展。这一教学模式特别适用于德育教育领域，能够有效解决传统德育教学中存在的单向灌输、缺乏互动等问题，为德育教育带来了新的思路和方向。

传统的德育教育模式通常侧重于理论的讲授和知识的灌输，教师在课堂上占据主导地位，学生往往处于被动接受的状态。这种教学方式不仅缺乏足够的互动性，也使得学生难以将所学的道德理念应用到实际生活中，导致德育教育效果不明显。而协同教学模式通过构建以学生为中心、互动性强的教学环境，使学生能够在学习过程中发挥主观能动性，促进他们通过实际参与、探究和思考，理解并内化德育的核心理念。

在协同教学模式下，课堂内外的互动成为关键。例如，教师与学生、学生与学生之间的合作，通过讨论、辩论、角色扮演等方式，能有效激发学生的学习兴趣和主动性。同时，社会各方（如家长、社区、企业等）的参与，能够为德育教育提供更多实践机会和资源支持，使德育教育不再局限于课堂理论，而是扩展到实际生活中，促使学生在实际情境中践行道德理念，理解社会责任的重大意义。这一过程中，社会实践活动的引入也使德育教育更具实效性，能够帮助学生更好地将道德教育与社会责任的实践有机结合，从而提升学生的思想政治素质和道德修养。

随着教育学科交叉融合的深入，协同教学的应用范围已经逐渐拓展，尤其在德育教学中，协同教学为创新教育方式、提升教学效果提供了新的路径。通过跨学科的协作与资源共享，协同教学不仅能有效提升德育教育的参与感和互动性，还能增强学生的社会责任感、道德认知和集体主义精神。协同教学强调"全员参与、全方位支持、全程互动"，使学生不仅在课堂中学习道德理论，还能通过参与社会活动、实践项目等方式，真正做到内化为行动，促进其综合素质的全面提升。

在这一模式下，教师不再是知识的唯一传递者，而是学生学习过程中的引导者、组织者和合作者。学生的角色也发生了变化，他们不仅是知识的接受者，更是道德理念和行为的主动践行者。社会各界的支持则为德育教育提供了丰富的实践平台，增强了德育教育的广泛性和深远性。

因此，探索和实践德育协同教学模式已经成为当前高校教育改革的重要任务之一。通过这种模式，不仅能够提高德育教育的实效性，还能为培养具有社会责任感、道德担当和创新精神的新时代青年奠定坚实基础。这一模式的实施，既是德育教育转型的需求，也是当代教育改革的方向，具有深远的现实意义和社会价值。

二、研究意义

（一）理论意义

本研究为德育协同教学理论的建立与完善提供了新的视角。传统的德育教育理论通常侧重于单一的课堂教学模式，缺乏多角度、多层次的教育策略，难以有效解决新时代教育需求。因此，本研究结合马克思主义教育学与现代教育学框架，提出了德育协同教学这一创新性概念，并从理论层面深入探讨德育协同教学模式的构建与发展。

马克思主义教育学强调教育要为人民服务，促进人的全面发展。而现代教育学则倡导教育中的合作、互动和跨学科的整合。本研究在这两个理论的指导下，探索德育协同教学的多元化路径，创新了传统德育教学的教学理念和方法，推动了德育教学理论的创新。通过理论框架的构建，本研究不仅为德育教育提供了更具操作性的教学模式，还为其他教育领域的协同教学提供了理论参考和实践经验。它有助于推动德育教育从单一的理论灌输向互动性、实践性、综合性相结合的模式转变，进一步深化德育教学理论的内涵和外延。

（二）实践意义

通过探索德育协同教学模式的实施路径，本研究为高校德育教学提供了实践指导，尤其是针对当前德育教学中存在的理论与实践脱节、教学方法单一、学生参与度低等问题，提出了行之有效的解决方案。通过实施协同教学模式，能够在课堂教学与课外实践之间架起桥梁，调动教师、学生以及社会资源的积极性，推动德育教育的现代化进程。

具体而言，本研究为高校德育教学提供了更加灵活、互动且多元的教学模式，使德育教育不再局限于单一的课堂授课，而是通过课内外的多元互动，增强学生的思想政治素质和道德认知。尤其是在当今信息化、全球化的背景下，德育教育面临新的挑战，协同教学模式能够更好地满足学生个性化和多元化的需求，提高教育效果，增强德育教育的实际影响力。同时，学生参与协同教学，能够在德育过程中更有效地内化社会主义核心价值观，提高社会责任感和道德实践能力，促进全面发展。

（三）政策意义

本研究的政策意义在于为相关政策的制定提供理论依据，尤其是在高校德育课程改革、教师队伍建设、学生参与机制等方面。随着高等教育改革的不断推进，德育教育面临新的挑战，传统的德育教学模式已经难以满足现代社会对人才的需求。因此，国家和各高校需要出台一系列政策，以支持和引导德育教育的创新发展。

本研究通过对德育协同教学模式的深入研究，为高校在课程设置、教师队伍建设以及学生参与机制等方面的政策制定提供了理论支持。在课程改革方面，研究提出了德育协同教学模式的具体路径，建议高校在教学内容和方法上进行创新，充分利用校内外资源，推动德育教育的多元化发展。在教师队伍建设方面，研究强调教师角色的转变与能力要求，提出加强教师培训与发展、提升教师的综合素质和德育教学能力的政策建议。此外，在学生参与机制方面，研究建议通过完善学生自主学习模式、学生社团活动、校园文化建设等途径，提升学生的参与度和主动性。

综上所述，本研究不仅为德育教学理论和实践提供了创新性的视角，也为相关政策的制定和教育体制的全面创新提供了理论依据和实践支持，为推动高等教育体制的完善与发展做出了贡献。

第二节　国内外研究综述

一、国外研究动态及评述

（一）关于德育协同教学概念的研究

在对大学生德育协同教学的国外文献进行梳理时，笔者发现，由于国内外对"德育"这一概念的定义和理解存在差异，相关系统性理论研究较为匮乏。然而，关于协同教学的理论研究却非常丰富，已成为哲学社会科学领域的研究热点和难点之一。协同教学本身可以从不同学科视角进行定义和归类，但由于其跨学科的特点，尚未形成统一的概念定义。

为了进一步明确德育协同教学的研究方向，可以从"协同教学"概念的应用历程来界定其进入教育理论界的演变过程。从词源学角度来看，德育协同教学显然是协同教学这一概念的衍生，它将德育这一具有明确目标和计划，旨在对社会成员在政治、思想与道德等方面进行引导的活动，与强调社会广泛参与的协同教学理论结合起来，凸显了德育和协同教学共同体理论的双重逻辑。因此，美国学者塞拉·本哈比认为，从伦理道德层面来看，协同教学应强调共同体的实践逻辑。他指出："在一个言论和行动互动的协同教学中，只有在'我们'之中，'我'才会成为'我'。"这一观点表明，个人的发展与道德认同在群体和社区中得到体现和实现。

首先，"协同教学"概念最早由美国实用主义教育家约翰·杜威（John Dewey）引入。在他的著作《民主主义与教育》（Democracy and Education）中，首次提出了"学习协同教学"（Learning Community）的概念，强调学校教育应当是一种人与人之间的交往活动，并且这种活动需要通过特定的组织形式来开展。杜威的这一观点为协同教学的概念奠定了基础，并将教育过程中的互动性与合作性提升到新的高度。

在此基础上，艾蒂纳·温格（Etienne Wenger）和莱芙（Lave）进一步发展了"实践协同教学"的概念。他们认为，学习不仅仅存在于某个具体的实践场景中，更应被视为社会实践的一部分，是人与活动、世界之间的一系列关系的体现。这些关系是跨越时间的，且与其他实践协同教学的活动相互交织、相互关联。温格和莱芙提倡将学习从被物化的活动类型中解放出来，转而将其视为所有活动的一部分，并强调学习过程本身是社会实践的一个重要维度。

为了详细阐述社会学习过程如何成为实践协同教学的展开方式，温格提出了一个新的学习理论框架，从四个维度展开：意义、实践、协同教学和身份发展。他指出，"意义"作为一种过程，嵌入实践协同教学中，成为人们体验和参与世界的方式。而"参与"是指在社会协同教学中，个体作为积极参与者，构建与协同教学相关的身份，并且不断发展这些身份。这一观点在温格的系列著作《情境学习：合法的边缘性参与》中得到了进一步阐释，明确了"学习—实践—协同教学—身份—意义"等一系列活动构建的以实践为核心的学习协同教学过程。

同时，法国著名社会学家埃米尔·迪尔凯姆（Émile Durkheim）在其《道德教育》一书中，系统地论述了学校教育协同教学对社会延续性、行为规范和价值观的重要作用，强调教育在维系社会秩序中的核心作用。美国学者罗伯特·帕特南（Robert Putnam）在其新著《我们的孩子》（Our Kids）中，通过对107位年轻人及其家庭的跟踪访问，揭示了美国社会日益扩大的"阶级鸿沟"，并系统论述了家庭结构、父母教育方式、学校教育以及邻里社区对青年人成长的重要性。帕特南认为，家庭应当是育人的基本协同教学形式，且强调家庭教育在社会参与中的引导作用。

英国学者保罗·霍普（Paul Bopper）提出，学校应当将弘扬公共精神的意识和行动作为教育内容的重要组成部分，特别是应将参与协同教学的服务活动纳入年轻人的公民教育课程中。尽管这些学者在具体观点上存在差异，但他们都一致强调协同教学理论在教育中的重要性，尤其是在道德教育和社会责任感的培养方面。

最后，奥地利学者马丁·布伯（Martin Buber）是最早将关系本体论引入道德教育协同教学讨论的学者之一。在他的著作《我与你》中，布伯探讨了"我—你"与"我—它"的人生对立，认为在"我"与他人建立关系时，若仅将"它"作为经验或工具来满足个人利益和需求，那么道德关系便会失去其伦理价值。他主张，德育协同教学应从关系维度出发，维护伦理规则的核心价值。这一思想为德育协同教学理论的构建奠定了基础，尤其强调了教育中的伦理关系和社会责任感的培养。

（二）建构德育协同教学在解决现代社会问题方面的具体研究

西方学术界普遍认同，建立协同教学的德育形式有助于提升个体的认同感和归属感，特别是在"欧洲协同教学"模式的建立中，成员的归属感得到了显著提升。然而，像齐格蒙特·鲍曼（Zygmunt Bauman）、安东尼·吉登斯（Anthony Giddens）等学者则认为，全球化过程中，传统的协同教学所带来的归属感正在被削弱。法国学者让-吕克·南希（Jean-Luc Nancy）在其著作《无效的共同体》（The Inoperative Community）中明确指出，"协同教学尚未被深刻思考"。

1. 德育协同教学的归属感问题

意大利学者吉奥乔·阿甘本（Giorgio Agamben）也探讨了"归属感"在共同体形成中的重要性。在著作《归属之外》（Outside Belongings）中，作者艾尔斯佩思·普罗宾（Elspeth Probyn）认为，获得归属感并非仅仅拥有一个稳定的身份，而是源于人们的渴望。他提出，"特异性"（specificity）和"唯一性"（singularity）之间存在差异：特异性指的是归属感的某些可能形式，如特定人群或族群，例如"同性恋者"或"威尔士人"；而唯一性则强调从个体角度来认识和研究这些归属感的方式。从特异性到唯一性的转变，反映了协同教学中思想观念、生活习惯和交往机会的变化方向。同时，乔治·巴塔耶（Georges Bataille）、米歇尔·福柯（Michel Foucault）以及库斯马·卡霍尼恩（Kuisma Korhonen）等学者，通过对"主体化表述"的批判，深入剖析了异化的协同教学主义（如极权主义）是如何改变人们的世界观的。他们进一步探讨，是否存在一种形式的协同教学，能够避免类似纳粹集中营中的"身份认同暴力"（identity rage）再次发生，同时调节新资本主义制度下人与人之间的新的斗争形式。卡霍尼恩认为："任何形式的协同教学都无法永久满足交流的愿望……我们应当建立一种新的共存方式，这种方式不应建立在共同时间、空间或身份的基础上。"这些西方学者的研究目的各不相同，但他们都在尝试论证社会生活中的某些具体人际关系对形成协同教学的重要价值。从本体论的角度来看，这些研究反映了西方理论界对"协同教学"意识形态的建构尚未形成统一的看法，且更多关注于如何解决现代社会问题的具体研究。虽然这些学者对协同教学的定义和应用提出了不同的观点，但他们普遍认为，全球化和多元化的背景下，传统的归属感和共同体概念面临前所未有的挑战，因此对于协同教学的探索显得尤为重要。

2. 个体自主性与自我统一性问题的探讨

随着全球化的不断深入，哲学层面对于"个体自主性与自我统一性"的关注逐渐成为涉及道德教育和"共同体"问题的研究热点。虽然大多数学者对德育协同教学持积极评价，认为其有助于增强个体的认同感和归属感，但也有部分学者提出批评，尤其是关于个体自主性在德育协同教学中的影响和挑战。西方学界就此展开了广泛的伦理反思。阿甘本提出，"我们亟待对西方社会中人的生存意义进行深刻反思，我们必须清醒地认识到，传统意义上神圣的与卑微的、私人生活与公共空间之间的差异"。他认为，在全球化背景下，个人如何从文化或宗教统治下的共同生存状态中争取自主权成为一个重要问题。而协同教学是否能够保持个体的自主性，正是他所探讨的核心内容。阿甘本的观点提醒我们，协同教学式的教育模式可能压制个体的自由与自主，尤其在全球化背景下，个人对集体的认同和归属感可能被过度强化，从而限制个体的独立性。进一步，克瓦米·安东尼·阿皮亚（Kwame Anthony Appian）解释道："如果想拥有自主性，我就需要接受选择。"这一观点强调了自主性与选择的紧密联系。阿皮亚认为，协同教学式的教育方式可能限制了个人在教育过程中自由选择和自我定义的空间，使得个体在集体认同中失去自主意识。他指出，教育中必须强调个人的选择权，才能真正帮助学生实现自主性，而不是将其融入过于强制的集体主义中。与此同时，美国学者阿尔君·阿帕杜莱（Arjun Appadurai）在其著作《对少数的恐惧：论地理位置冲突》（*Fear of Small Number: An Essay on the Geography of Anger*）中揭示了全球范围内对少数群体的压迫现象。他认为，"个人自治是解决协同教学主义可能压制个人权利的最重要手段"。他强调，协同教学不仅应关注集体归属感的培养，还必须关注如何保护个体的自主性，避免将个体吞噬于过度的社会化和集体规范中。此外，德育协同教学成员也可能面临"被蔑视"的自我同一性危机，这种危机源于集体认同中个体身份的边缘化。美国社会心理学家、哲学家乔治·米德（George Mead）在其代表作《心灵、自我与社会》中，提出了"自我"在社会经验与互动过程中逐步发展的观点。他认为，"自我"并非与生俱来，而是在社会互动和经验过程中逐渐形成的。通过互动，个体不断地通过他人来理解和构建自我。因此，在协同教学中，个体的自我同一性往往受到集体认同的影响，可能会导致自我意识的模糊或失真。欧洲社会心理学家约翰·特纳和泰弗尔基于社会认同理论，探讨了族群内的相互认同与自我归类的关系。特纳认为，集体认同的过程是动态的，在现代社会中，随着技术的迅速变化，传统的社会认同和集体归属感正面临前所未有的挑战。特别是在全球化的背景下，为了确保青少年的成长和教育，必须在全球范围内建立和维持"日常可期待的连续性"，从而避免社会裂痕的加剧。特纳的观点指出，教育中的德育协同教学应帮助学生在不断变化的世界中找到自我认同与集体认同的平衡。在此背景下，当代德国著名哲学家阿克塞尔·霍耐特（Axel Honneth）在其社会理论中提出了"承认逻辑"作为解决自我同一性认同危机的理论框架。霍耐特认为，建立在平等、正义和共享基础上的相互承认是解决个体身份认同问题的关键。他将"爱、法权和团结"视为主体间承认的重要形式，认为通过承认他人的价值与尊严，个体才能实现自信、自尊和自豪，最终实现自我认同的完整性。霍耐特的"承认逻辑"指出，只有在相互尊重和合作的基础上，个人和集体的认同才能得到平衡和强化。

此外，著名美国学者埃里克·H.埃里克森（Erik H. Erikson）分析了青少年在成长过程中如何通过社会认同来克服自我同一性危机，他借鉴霍耐特的承认理论，认为"在青年期，自我力量来自个人与集体的互相确认，社会要承认年轻的个人是新生力量的负荷者，而被确认了的个人要承认社会"。埃里克森的理论强调了集体和个人之间相互确认的重要性，认为通过这种互动，个体才能实现自我认同，进而促进社会与个体的和谐共生。

最后，肯尼思·J.格根（Kenneth J. Gergen）在其著作《关系性存在：超越自我与共同体》中，将专业知识的实践领域称为"知识生产协同教学"。他指出，大学中不同学科之间的竞争阻碍了协同教学形成统一的整体。格根认为，通过建立"关系型教育"，例如构建良好的师生关系、同学关系以及课堂与社区之间的互动关系，可以打破传统教育模式中过于专注"知识生产"的异化倾向，转而建立一个以互相认同和合作为核心的教育模式。他的理论强调了协同教学中的情感维系和互动机制，提出教育不应仅限于知识的单向传递，更应注重个体之间的关系建立和认同感的培养。

综上所述，德育协同教学在全球化背景下引发了关于个体自主性与集体认同之间的伦理和社会性反思。尽管协同教学有助于增强集体认同感，但如何在这一过程中保护个体的自主性和自我认同，依然是当前学术界亟须解决的重要问题。

（三）德育协同教学形成的问题研究

德育的核心任务是解决人生中的困惑，帮助人们在实践中寻求真善美的生活意义。换言之，德育承载着引导和教育社会成员在世界观、人生观、价值观等方面做出正确抉择的责任。面对全球化带来的挑战和资本主义现代化社会引发的德育困境，西方学界的众多德育学者开始更加关注如何构建具象化的德育协同教学体系，以提高青年的品德教育和道德素养。社区德育协同教学的提出背景，源自20世纪初期美国品德教育复兴的浪潮。品德教育运动强调正面、直接的道德教育，提倡学校、社区和家庭的紧密合作，努力促进青少年将道德价值内化为良好的行为规范。

早在20世纪80年代，便有美国学者批判德育中的相对主义和过程论，相关机构的建立标志着美国品德教育复兴的第三次浪潮开始，其中德育协同教学的回归起到了至关重要的作用。发展心理学家劳伦斯·科尔伯格（Lawrence Kohlberg）在批判道德相对主义的基础上，提出了道德发展的过程性理论，认为从儿童到成人的成长是一个持续的德育过程。因此，德育过程的实施需要一种协同教学的形式，以更好地促进个体道德素质的发展。

学者托马斯·里克纳（Thomas Lickona）进一步强调："即使在文明冲突和价值多元的社会中，依然存在普遍认同的核心价值，除非我们承认正义、诚实、文明、民主和追求真理等基本价值，否则价值多元就无法成立。"他认为，美国年轻人出现诸如暴力犯罪、破坏公私财物、欺诈行为、藐视权威、校园暴力、性混乱和自我中心主义等不良行为，正是缺乏有效德育教育的结果。因此，德育协同教学的建立变得尤为必要和紧迫。

威斯康星大学麦迪逊分校的阿兰·洛克伍德（Alan Lockwood）进一步明确指出："品德教育的重点应当是学校与社区机构的合作，采用直接、系统的方式，而非依赖道德相对主义的价值观来要求学生培养良好的行为。"他认为，应打破学校独立承担德育职能的局限，而应形成学校、社区与家庭的共同合作模式，才能更有效地帮助青少年形成良好的道德品质，实现学以致用并通过实践达成道德教育的目的。

1999年，美国的"德育协同教学组织"（Character Education Partnership）发布了著名的《德育协同教学建设宣言》，强调："品德教育是学校、家庭与社区共同努力，有意识地帮助孩子们理解、关心并实践核心伦理价值的过程。" 2000年，品德教育伙伴组织公布了所谓的《有效的道德教育11条标准》，特别强调学校应当营造一个具有爱心的协同教学环境，学校的教职工应当共同承担德育责任，向学生传递一致的社会价值观；同时，家长和社区也应共同参与，成为德育教育的合作伙伴。

为了进一步推动美国德育协同教学的完善，美国科罗拉多州阿斯彭的约瑟松学院于90年代举办了题为"道德与品德教育：应当、能够和将要做什么"的学术研讨会，专家们提议成立"品德关注联盟"（Character Counts Coalition）。这一美式德育协同教学联盟的主要目标是推广品德教育的多种模式，鼓励教育资源的横向互通，从而深化社群品德教育的意义。品德教育的倡导者认为，通过德育协同教学，学生能够得到尊重与关怀，这种人文主义的德育思想主张学校应具备明确的品德教育目标与标准，家长和社区则应承担重要的教育角色，同时社会大环境也应有利于年轻人的成长。

尽管世界各国处于不同的发展阶段和面临不同的问题，但在构建多主体、互通互动的德育协同教学方面，学界普遍达成共识。德育协同教学应通过各方合作与资源共享，促进受教育者的自由和全面发展。在国外德育协同教学的实践过程中，已经积累了大量可供借鉴的成功模式，虽然无法一一列举，但这些经验为我们提供了丰富的研究素材和宝贵的启示，值得在国内德育教学的创新与改革中深入探讨与实践。

二、国内研究动态及评述

（一）德育协同教学的理论要义研究

根据公开的文献，德育协同教学这一概念最早由学者董少龙和黄利娟于2008年提出，并在《建构德育的学习共同体和实践共同体》一文中进行了详细探讨。然而，由于"协同教学"本身的多重定义，德育共同体的内涵研究呈现出多样化的视角和理解。从理论形成与借鉴的角度来看，学者涂丽萍在《高校德育共同体建设的生态路径选择——来自怀特海和杜威的启示》一文中，依据怀特海和杜威的整体主义和有机主义原则，提出德育协同教学的发展不仅表现为个体成员、协同教学和外部环境之间道德经验的互动和协同，还体现为"共同善"的动态成长过程。

此外，从哲学本体论视角对德育协同教学进行研究，学者王海明在《论道德共同体》一文中对这一概念进行了系统性阐述。他指出，"道德协同教学"是指所有个体和群体按照道德规范互相对待的整体。他特别强调了情感因素在德育协同教学中的重要性，并从伦理学本体论的角度区分了"道德代理者"（moral agent）和"道德顾客"（moral patient）"这两类成员身份。王海明认为，那些缺乏道德意识、无法进行道德行为、不能成为道德行为主体的个体，应该被视为道德承受者，而非道德管理者。这一区分，为德育协同教学理论提供了伦理学的依据，特别是在探讨"中心—边缘"关系、道德起源、标准和界限等方面，系统论述了道德协同教学的构建基础。

学者郑航在《儒家德育传统：由关系主义向关系理性超越》一文中，从儒家伦理和德育的基础——"关系"出发，探讨了建设德育协同教学过程中可能遇到的"情与理""公与私"等困境。他认为，儒家德育传统应以社会个体为基点，指向"完整的人"，并在协同教学构建过程中，通过关系的理解和认同，培养基于关系的品格，从而实现从关系主义到关系理性的超越。

在德育协同教学的研究中，学者董雅华提出，"思想政治教育协同教学"是指在思想政治教育过程中，教育者与受教育者在需要、意向和精神意志上形成同一性，在交往、沟通和情感关系上具有协调性的社会有机体。任少波和楼艳则从马克思主义中国化的理论视角，分析了国内外对德育协同教学的不同立意。他们指出，"中国高校的德育实施过程具有目标一致性、主体交互性和集体协同性"的"中国特色"，为德育协同教学的理论体系提供了独特的视角。董杰则强调，基于协同教学的信念、信仰认同、历史文化传统、理论基础和实践目标等因素，形成了德育协同教学的有机体。

从德育协同教学的构成要素视角来看，学者朱益飞认为，教育者、教育对象和教育环境是思想政治教育协同教学的宏观组织形态的三个主要结构要素。他指出，思想政治教育协同教学的提出，旨在弥合各要素之间的独立状态，实现各要素间的"共轭效应"，使课程、课堂、学生、学校、家庭、社会等要素形成有机的整体。李才俊进一步细化了德育协同教学的结构定义，认为思想政治教育协同教学是以学生为主体、以学校为主场所、以课程为主阵地、以课堂为主要渠道、以家庭为基础、以社会为依托的有机体。

此外，学者曹红玲提出了思想政治教育协同教学的"桥梁说"，认为其目的是将不同主体纳入同一语境下，搭建起教育者与受教育者之间的沟通桥梁。学者戴锐的"场域说"则认为，思想政治教育协同教学的发展必须超越传统概念，扩展从狭义思想政治教育到广义思想政治教育的范畴；超越体制限制，重建"大政工"格局；超越结构限制，从横向分工、纵向管理走向思想政治教育的社会网络化；超越区位限制，从区域分立走向区域联合的互动模式。

通过借鉴协同教学的哲学概念及其理论要义，从马克思主义理论和中国特色社会主义理论体系出发，德育协同教学的理论体系逐步成形，并为大学生德育工作提供了理论基础与实践指导。尽管德育协同教学的研究仍处于起步阶段，且研究成果尚未系统化，但从大德育理论的角度来看，已有的研究为其深入发展奠定了坚实的基础。

(二) 从德育协同教学面临的相关问题视角出发的研究

国内学界对德育协同教学的研究出发点存在差异，但普遍有以下认知。学者们借鉴了协同教学理论的哲学要义，融入西方相关学术思想的合理内涵，并以马克思主义实践理论为基础，深入探讨中国特色社会主义制度下，大德育体系内主体间的交往、合作和认同等多维关系。通过协同教学中不同主体的集体合作实践，进一步突出了全员、全过程、全方位育人的重要性。在这一过程中，通过有目的的价值选择和信仰认同，明确而鲜明地培养德育协同教学成员树立社会主义核心价值观，将立德树人作为大学生德育协同教学的根本任务，并将其作为人才培养的核心环节。

首先，关于德育协同教学的分类研究，学者任少波、楼艳、吕成祯等组成的团队发表了一系列高质量的论文，专门研究和阐释了高校德育协同教学的相关问题。他们从"目标一致性、主体交互性和集体协同性"三个方面概括了高校德育协同教学的性质，并进一步解释道："目标一致性体现了师生对社会主义核心价值观的高度认同，并指向实现立德树人这一根本任务的价值目标；主体交互性则构建了一种关系协同教学，立足于多元育人主体间的交往理性和行为，构建一个多元育人的协同教学体系；集体协同性则生成了实践协同教学，使得各主体通过集体实践提升道德认知水平，实现德育意义和主体身份的双重建构。"该团队从德育协同教学的内涵和特征出发，提出了强化政治认同和价值认同，整合有效资源，优化资源配置，创新协同机制，并构建中国特色的世界一流高校德育工作体系。他们认为，这些是德育协同教学时代使命的核心内容。在坚持把立德树人作为根本任务的中国高等教育中，他们强调要将高校德育工作置于知识视野中进行审视，从道德与知识的互动关系出发，构建基于"知识协同教学"的"德育协同教学"，以探索实现立德树人的创新路径。通过将协同教学中的多元主体知识结构作为德育起点，优化德育与智育的场域耦合，打通多元主体间的能量耦合，构建以"共同善"为核心的系统耦合，利用知识的前沿性推动德育创新，通过知识的整合性促进德育协同，同时通过知识的实践性激发德育的转化。他们认为，德育共同体是中国特色社会主义大学教育的新认知，表明了德育协同教学在新时代高等教育中的重要地位和作用。

其次，从德育协同教学面临困境的角度进行研究。从精神层面来看，陈开林在《共同性的反思与超越：基于对德育共同体的承认研究》一文中，分别从情感认同、身份认同和价值认同三个承认范式出发，反思德育协同教学构建过程中的问题与挑战。在德育共同体构建的过程中，德育协同教学面临由自我中心主义引发的社会道德冷漠，导致"陌生人"现象的泛滥；极权主义霸权对弱势群体的压迫造成的"边缘人"现象；过度依赖技术而产生的"虚拟人"困境等问题。从学理层面分析，学者董雅华认为，思想政治教育的目的、属性、内容、方法和有效性评估等方面存在两种主要的叙事范式：传统范式和人学范式。因此，德育协同教学在实践中面临诸多理论困惑，如"教育系统是存在实然还是应然的不同状态？""'为政治服务'与'为人民服务'如何并行不悖？"以及"协同教学中的交往关系构建是主体性还是主体间性？"等问题。董雅华提出，通过理解和借鉴马克思的生活世界理论，同时结合哈贝马斯的交往实践理论来实现德育协同教学的"公共理性"。只有这样，社会共识才能达成，思想政治教育才能兼顾政治社会服务的目的与个人利益诉求，避免受教育者对思想政治灌输的抵触情绪。从现实层面来看，德育协同教学的构建确实存在一定的问题，因此需要进行系统性的理论探讨。董雅华认为，构建德育协同教学的目标之一是打破学术壁垒和德育实践中的场域疏离，避免由于内部行政管理要素之间的内耗而妨碍德育整合性的效果。根据中共中央、国务院《关于进一步加强和改进大学生思想政治教育的意见》的要求，思想政治教育应当融入大学生专业学习的各个环节，渗透到教学、科研和社会服务的各个方面。学者李才俊提出，通过创新借鉴"共轭效应"理论，可以构建一个稳定、抗力增强的新生有机体，将每个元素按其在系统中的相互关系和角色进行有机结合。他进一步介绍了高校思想政治教育生态协同教学的构建方式，认为这一体系由课程、课堂、学生、学校、家庭和社会六个要素构成。课程、课堂和学生构成了校内思想政治教育系统；而学校、家庭和社会则构成了校外思想政治教育系统。此外，李才俊创造性地提出了"六位一体"的模式，旨在通过多维互动和协同作用，形成高校思想政治教育的生态协同教学体系。

（三）德育协同教学相关的学术研究视角

在德育协同教学的研究中，许多学者从不同的视角出发，探讨了该领域的核心问题和挑战。例如，以公民教育理论为基础，构建德育协同教学体系已成为一个重要的研究热点。党的十七大明确提出，要"加强公民意识教育，树立社会主义民主政治、自由平等、公平正义理念"；党的十八大提出，要倡导"富强、民主、文明、和谐，倡导自由、平等、公正、法治，倡导爱国、敬业、诚信、友善"，这些都与公民教育密切相关。

在学校日常生活中，师生关系的构建离不开德育协同教学交往空间中的公共伦理准则。学者们积极从具有中国特色的社会主义公民教育理论出发，探讨如何将其融入德育协同教学。叶飞在《公共交往与公民教育》中提到，学校的公民协同教学通过构建公共性交往关系，推动学校和社团组织中的交往生活成为有效的公民生活。共同的生活和实践能潜移默化地促进受教育者公民品质的发展，提升所有成员的公民意识。冯建军则认为，个体与共同体的立场选择、权利优先与责任优先的价值选择、国家与世界的归属选择，是当代公民教育面临的三个核心问题。他强调，公民教育应从强势民主的协同教学逻辑出发，进行基于个人权利的责任教育，培养具有全球视野的公民。

同时，檀传宝的《培育好公民——中外公民教育比较研究》一书和杜时忠与张敏合著的《重构学校制度生活 培养现代公民精神》一书中，也深入探讨了公民教育对德育协同教学的重要性。此外，北京师范大学公民与道德教育研究中心搭建了一个新的公民教育理论平台，其发布的《中国公民教育评论》期刊，致力于通过进一步的研究，构建一个以社会主义核心价值观为引领的德育协同教学体系，重点培育现代公民素质。

在德育共同体构建的研究中，学者们提出，大学生德育协同教学应成为"关系型"教育的典范，重点构建"关系圈""关系性教学法""师生关系""同辈关系""课堂与社区关系""理论与实践关系"等方面的协同互动。德育协同教学的承认逻辑则通过破解同一性的价值危机，确保教育生活的尊严和意义。

在学术协同教学方面，学者黄世虎和莫佳思建议，在社会分化的背景下，思想政治教育协同教学应从"自在"走向"自觉"，加强思想政治教育内在要素的建设，强化协同教学各内部结构之间的联系与沟通，形成共同的思维方式，健全协同教学制度和运行机制。李才俊进一步提出，要构建教学科研交往平台，使"小协同教学"逐步转化为"大协同教学"，并在学科的专业领域内建立独特的话语体系、研究方法和学术规范。

胡晶晶提出，思想政治教育学科的协同教学应在科学协同教学的意义上进行理解，涵盖身份认同、共同理解、共同信念和总体方法论等基本维度。金林南和孙晓蕾从学科协同教学的范式构建角度指出，理顺学术研究的内在机制，解决协同教学建设中的问题，尤其要关注协同教学中主体之间的关系。钱广荣教授则强调，思想政治教育领域协同教学的优化应摒弃"社会本位"或"个体本位"的两极思维，厘清协同教学主体问题，恪守协同教学话语的基础。

此外，随着互联网时代的到来，有学者提出，德育协同教学应以学习者为中心，建设符合互联网特性的思想政治教育学习平台。学习协同教学应遵循开放包容、共享创新和价值引领的理念，根据网络特性定制学习内容，并借鉴互联网中的交互式交往方式，以增强德育协同教学的效果和影响力。

（四）关于大学生德育协同教学的建设研究方面

首先，关于大学生德育协同教学中的育人主体建设，研究集中在德育协同教学的组成要素及如何形成合力的方式。通过德育系统论来看，解决这些问题需要系统德育思维，即从实现德育目标的角度出发，具体实施的行为、过程和环节都需在系统内协调进行。教育部曾出台相关政策，鼓励建立"家庭—学校—社会"一体化的育人机制，这被称为德育的"三位一体"理论。不同学者根据具体实施过程中的目的、内容和方法，提出了"四位一体""五位一体""八位一体"等多种模型。例如，学者邹艳辉认为，高校思想政治教育实践中的育人协同教学价值结构中的价值客体包括家庭、高校、政府、社会和企业五大方面的施教者。学者李才俊则提出，"高校'八位一体'思想政治教育生态协同教学包括教师、学生、课程、教材、课堂、学校、家庭和社会等八个独立要素"，并进一步细化为"以学生为中心的'四位一体'"（由学生、教师、教材和课堂组成）和"以课程为核心的'四要素'有机整体"（由课程、学校、家庭和社会组成）。

由此可见，德育协同教学研究中关于组成要素的理论尚未达成共识，但这些理论都强调以学生为中心，并从不同维度构建德育协同教学的结构。虽然各方参与者可以有不同的组合方式，但其核心目的是确保各方能够坚持以立德树人为根本任务，整合原有"隔绝、低效、分散"的教育资源和力量，使各方教育力量形成有效的协作和合力，最终促进育人的整体性、协同性以及形成全过程、全方位、全员育人的局面。

其次，关于大学生德育协同教学是属于实然存在还是应然存在的问题，不同学者有着不同的观点。一些学者认为，德育协同教学必须具备实然性，无法构成某种具体的育人实体，大学生德育协同教学仅停留在理念层面，或成为"育人乌托邦"，因此缺乏研究价值。而另一些学者则认为，德育协同教学作为一种"社会协同教学"并不完全是实然的，它更多具有应然性。换言之，德育协同教学的形成既是历史发展的结果，也需要人们自觉地进行理性建构。笔者认为，单纯从实然与应然的角度研究大学生德育协同教学并不能真正揭示其本质。德育作为一种协同教学形式，或者说德育的协同教学现象，应该贯穿于人类社会发展的全过程。人类社会在其发展中需要道德传承与教育，这种群体化的本质也客观上支撑了协同教学式德育的存在。因此，德育协同教学必然存在。在此基础上，我们可以通过分析德育协同教学现象来揭示其本质。大学生德育共同体既是实然的存在，也是应然的存在。首先，需要明确的是，这里的"实然"并不意味着某种具体的存在物，因为大学生德育协同教学并不是现有的某个社会组织的实体形态。相反，我们可以通过研究现有的社会德育组织形态，包括德育主体之间的交往关系、育人模式、治理模式、整合机制等现象，来还原德育协同教学的本质。以马克思主义理论为基础，结合其他学科的合理成分，形成主体间交往互动的德育范式，对于新时代大学生德育协同教学的系统化研究具有重要的理论和实践意义。

再次，从大学生德育协同教学构成范式的研究角度来看，学者们从多个理论视角展开了相关探讨。例如，戴锐的《思想政治教育共同体的运行机制与发展战略》和《思想政治教育共同体的可能、现实与前景——以场域为基本视角的研究》、李才俊在《光明日报》发表的《建立高校思想政治教育生态共同体》等文章中，分别从生态论、场域论、整体论、媒介论和价值论的角度，研究德育协同教学的形成范式。从整合论的视角来看，学者们探讨了德育的社会整合、思想整合、文化整合以及价值整合等多个维度，强调通过多种资源的整合和共同作用，凝聚社会共识，维护协同教学的稳定和秩序。戚如强在《思想政治教育社会整合论》一书中，强调应当从刚性整合与柔性整合的双重角度考虑。他认为，当刚性整合的制度约束和违法惩戒措施失效时，德育协同教学的建设可以发挥"软权力"的辅助作用。他指出，"社会团结的基础是共同的利益和共同的价值观，社会凝聚力与向心力的产生，植根于人们内心深处的道德、价值和信仰，取决于社会成员对共同利益和规则的理解与认同的程度"。孙悦从"整体性的人"的角度论证了"以共同体方式开展思想政治教育活动能够实现更广泛的知识学习，并推动思想政治教育的协同教学方式实现自身的整体性发展，进而促进思想政治教育的发展"。

最后，从大学生德育协同教学的育人机制和价值层面进行研究，许多学者提出了具体的建设方案。祁凤凤在《大学生思想政治教育生态共同体研究》一文中，依据习近平总书记提出的"把立德树人作为教育的根本任务"的总体要求，结合"共生效应""共处效应"和"共振效应"理论，探索大学生思想政治教育生态协同教学的实践育人机制。董雅华在《论思想政治教育共同体的建构》中提出，"形成主体间思想政治教育，对于思想政治教育协同教学具有重要战略意义"。她具体提出，通过"交往式教育""对话式教育"和"生活世界的交融"来促进德育协同教学的形成与发展。此外，还有一些学术论文也对大学生德育共同体的建设做出了贡献。例如，孟瑜在《黑龙江民族丛刊》上发表的《铸牢大学生中华民族共同体意识研究》、王洁敏在《社会主义核心价值观研究》上发表的《拓展培育社会主义核心价值观的有效载体——大学生思想政治理论网络学习共同体研究》、何广寿在《学校党建与思想教育》上发表的《大学生网络共同体道德教育研究》、康立芳在《湖北社会科学》上发表的《以历史记忆培育政治认同——大学生思想政治教育新视角》，以及王华华、王延隆的《共同体：思想政治教育的现代性审思与超越》等，都从多维度提出了构建大学生德育共同体的良性育人机制。

第二章　高校德育协同教学的理论基础

高校德育协同教学作为一种全新的教育理念，旨在通过多方协作与互动，整合教育资源，强化大学生的思想政治教育。在现代教育背景下，德育协同教学不仅仅关注传统德育的知识传授，还注重对学生在实践中的道德认知和行为能力的培养。通过借鉴马克思主义教育观、现代教育学理论以及国际上的德育经验，本书旨在探讨如何从理论上深化德育协同教学的内涵和实践路径，推动高校德育工作从单一模式向多维度、协同化的方向发展。这一理论基础的构建，可以为高校德育协同教学的实践提供更加科学、系统的支持，进一步促进社会主义核心价值观在大学生中的生动实践与深度认同。

第一节　马克思主义教育观与德育协同教学

一、马克思主义教育观的基本理论

（一）马克思主义教育观概述

马克思主义教育观起源于马克思、恩格斯的哲学和社会理论，并在他们的著作中逐步发展成一套系统的教育思想。马克思主义教育观深受唯物主义和辩证法的影响，强调教育是社会生产力的一部分，并服务于特定的社会结构与阶级利益。马克思、恩格斯认为，教育不仅是知识的传授，更是意识形态的塑造工具，在社会的经济基础和上层建筑的相互作用中起着重要作用。

在马克思主义教育观的框架中，教育不仅仅是个人发展的工具，也是社会发展的动力。教育的最终目的是实现人的全面发展，而这一发展必须在适应社会历史条件的基础上进行。马克思主义教育观最早在《德意志意识形态》和《资本论》中有所体现，强调教育必须服务于生产力的发展，满足社会的需要。在社会的发展过程中，教育应该发挥在生产力提升、劳动者技能培养和社会制度变革中的积极作用。随着马克思主义理论的发展，教育逐渐被视为一种重要的社会实践，其作用不仅在于培养劳动力，更在于培养能够推动社会革命和变革的主体。

在马克思主义教育观的发展过程中，教育与社会结构、阶级斗争的关系不断被深入探讨。马克思主义教育观的深化，逐步形成了对于教育的整体性理解，认为教育不仅是知识的传递，更是社会与历史力量的体现，决定了不同阶级的社会地位和意识形态。

（二）教育的社会功能与阶级属性

马克思主义教育观深刻揭示了教育的社会功能和阶级属性，尤其是在资本主义社会中，教育并非只服务于社会的整体利益，而是为特定阶级的利益服务。在马克思看来，教育的社会功能在于维持社会的生产秩序和阶级结构，尤其是如何通过教育的手段，传递适合统治阶级需要的价值观和世界观。教育不仅传递知识和技能，还塑造社会成员的思想意识，强化统治阶级的文化霸权，从而使社会结构得以稳固。

在资本主义社会中，教育体现了显著的阶级属性。马克思指出，教育在资本主义社会中往往是为上层阶级服务的工具，确保社会阶级差距的维持和劳动力的再生产。教育制度在这里起到了强化劳动者对资本主义社会秩序认同的作用，使下层阶级在不知不觉中接受其社会地位，并且对现有的社会结构产生依赖和认同。这种情况通过精英教育的形式加以实现，社会的上层阶级拥有更好的教育资源，而底层劳动阶级则面临教育资源的限制，缺乏上升的机会。

马克思主义教育观不仅揭示了教育的阶级性，还对教育的解放潜力进行了深刻的思考。马克思提到，教育不仅是维持社会结构的工具，也可以成为社会变革的力量。当劳动人民通过教育意识到他们所处的阶级地位，并且能够批判现有的社会结构时，教育便成了社会变革的关键力量。马克思主义教育观强调通过教育解放人民，使教育成为革命和解放的工具，从而为实现共产主义社会奠定基础。

（三）教育与社会变革的关系

马克思主义教育观将教育与社会变革紧密联系在一起，认为教育不仅仅是维持现有社会结构的工具，更是社会变革和历史发展的推动力之一。马克思主义教育观特别强调，教育和社会变革之间具有相互促进的关系。教育的作用不仅在于培养适应社会的劳动者，更在于培养能够推动社会变革的革命力量。马克思主义认为，只有通过教育改变人们的思想观念和社会意识，才能够推动社会的根本变革，进而实现社会的解放和共产主义社会的建立。

在马克思的理论体系中，教育的变革性特质与社会变革的过程是相互关联的。马克思认为，教育不仅是继承和传递社会文化的工具，还应当反映社会的历史和革命需求。在每一个社会变革的阶段，教育都应当承担起激发社会革命意识和推进社会进步的职责。教育的目的不仅是传授已有的知识，更重要的是引导学生了解社会发展的规律和历史的进程，帮助他们理解社会结构变迁和变革的必要性。

在社会主义社会，马克思主义教育观认为，教育的核心功能应该是帮助劳动人民获得对社会制度的批判性理解，促使他们具备改变社会的能力和意识。教育在这里不仅仅是为了培养未来的劳动者，更是为了培养具有革命意识、能够自觉推动社会变革的全能型人才。因此，教育与社会变革之间的关系是紧密而动态的，教育不仅反映社会现实，还通过塑造人的思想观念和社会意识，推动社会的全面发展。马克思主义教育观提醒我们，教育的真正目标不仅是传授知识，更重要的是培养具有社会责任感和历史使命感的革命者，推动社会向更平等、更公正的方向发展。

二、马克思主义教育观对德育的指导作用

（一）德育的阶级性与历史性

马克思主义教育观深刻揭示了德育的阶级性与历史性，这一观点突破了传统将德育视为抽象道德教化的局限。马克思主义认为，教育的本质不是中立的、超阶级的存在，而是在特定社会关系中产生并服务于特定阶级利益的意识形态工具。德育作为教育的重要组成部分，其内容、方法和目标同样具有鲜明的阶级属性。在阶级社会中，德育的设计与实施始终围绕着巩固现有社会结构、维护统治阶级利益展开。正如马克思在《德意志意识形态》中指出的："统治阶级的思想在每一个时代都是占统治地位的思想。"

在资本主义社会中，德育不再仅是塑造"道德人"的手段，而是成为一种为资本主义制度服务的意识形态灌输方式。其核心在于使劳动阶级的个体在不自觉中接受统治阶级所定义的"道德准则"，如强调个人奋斗、竞争意识、服从制度等，以此来适应市场逻辑和资本积累的需要。这种德育策略实际上掩盖了社会的根本矛盾，使被压迫阶级在维护资本主义运行秩序的过程中认同并内化不公正的社会结构，从而实现"和谐"表象下的社会控制。由此，德育的阶级性不仅体现在其服务对象上，更体现在其通过教育形式构建意识形态、塑造社会行为的方式中。

然而，马克思主义也强调德育的历史性，认为德育并非凝固不变，而是随着

社会制度与历史条件的变化而不断发展。在社会主义社会中，德育的目标不再是塑造"顺从的生产工具"，而是旨在培养具有历史使命感的社会主义建设者和接班人。这一过程中，德育必须与社会历史进程相结合，引导个体认识社会发展规律、理解阶级矛盾，并鼓励他们积极参与社会变革。社会主义德育强调平等、集体主义与社会责任，强调人的全面发展，体现出从"适应社会"到"改造社会"的根本转变。正是基于这一点，马克思主义教育观中的德育被赋予了动态发展的内涵——它不仅适应历史，更参与并推动历史。

（二）马克思主义德育观念的核心要义

马克思主义德育观以阶级分析为基础，强调德育不仅仅是对个体进行道德训导，更是社会意识形态构建的重要环节。它要求德育不应停留在外在规范的灌输层面，而应深入个体思想、情感和价值观的内在塑造之中。德育的本质在于通过教育手段，协助个体形成与特定社会形态相适应的价值体系，使之认同既定的社会结构，并自觉承担起推动社会进步的责任。马克思主义指出，教育必须服务于人民群众，必须紧密围绕社会生产力的发展和社会关系的变革而展开。因此，德育不能脱离社会实践、阶级斗争和历史发展，否则就会失去其应有的现实意义。

马克思主义德育观的根本目标是人的全面发展，这种发展不仅包括智力、体力、技术技能等方面，更重要的是人的社会性和道德意识的成长。在资本主义社会中，教育被用来培养顺从和效率导向的劳动力，而在社会主义社会中，教育则被赋予了更高的使命：培养具有独立思考能力、社会责任感和革命精神的公民。这种德育不仅要传授规范，更要引导学生质疑不合理制度、反思社会问题，并具备推动社会结构进步的实践能力。由此可见，马克思主义德育观不仅关注教育的社会功能，也重视把教育作为变革力量的能动性。

同时，马克思主义德育观强调集体主义精神的塑造。个体并非孤立存在，而是社会集体中的一员。在此观念下，德育不仅要帮助学生明晰自己的社会角色，还要使其认识到个体行为对集体和社会的影响。这种集体主义并非压抑个性，而是通过强化群体意识与责任感，实现个体与社会之间的和谐统一。正因如此，德育在塑造个体品格的同时，也在构建社会文化价值体系，承担着构建公平、正义、民主社会的重要使命。

（三）德育的社会化功能与个体发展

马克思主义教育观认为，个体的成长离不开社会的参与，而德育正是个体社会化过程的关键通道。所谓社会化，是指个体在与社会的互动过程中逐步理解并接受社会的价值观、行为规范与社会角色,并最终将其内化为自身行为准则的过程。在这个过程中,德育起到了桥梁与媒介的作用,使个体从"自然人"成长为具有社会属性的"社会人"。这一过程不仅关乎道德观念的接受,更涉及对社会结构的认知与社会责任感的建立。

在马克思主义视角下,社会化并非被动地适应,而是批判性地理解与参与社会的过程。德育要通过系统的教育安排,使个体在成长过程中不断认识到社会的不平等、矛盾与发展的历史性,从而形成积极的社会参与意识。学校、家庭与社会三者共同构成了德育的社会化网络。学校教育通过课程体系和校园文化提供基础的价值导向,家庭教育则影响学生的初级道德情感与行为习惯,而社会环境则通过法律、媒体、社交实践等不断强化或挑战学生的道德认知。多元而协同的教育力量相互作用,为个体提供了稳定而深刻的社会认同感。

另外,德育的社会化功能也反哺个体的发展。个体通过参与社会实践活动,如志愿服务、社会调查、集体劳动等,不仅能理解社会运行的真实逻辑,还能将道德理念具体化、生活化,使抽象价值在行动中得以体现。这些实践经历不仅强化了个体对道德规范的认知,还促进了情感、意志、责任意识的形成,最终实现人格的成熟与道德素养的提升。马克思主义强调人的发展是"在社会关系中发展起来的",个体在社会化过程中与他人互动、接受集体规范、应对社会问题,从而实现从道德认知到道德行为的全面提升。可见,德育不仅塑造"合格的社会成员",更通过参与实践帮助个体实现价值认同和主体成长,是推动社会进步和个体完善的双重力量。

三、德育协同教学在马克思主义教育观下的应用

(一)协同教学中的社会互动与共同体建设

在马克思主义教育观下,德育协同教学的一个核心要素是社会互动与共同体的建设。马克思主义强调,教育不仅是知识的传递,更是社会关系和社会互动的产物。在德育协同教学中,教师、学生和社会各方面的互动是推动德育目标实现的关键因素。教育不是孤立的个体活动,而是一个多方参与、共同构建的过程。通过协同教学,教育不仅帮助学生吸收知识,还能够通过社会互动的方式,培养学生的社会责任感、集体主义精神以及为共同体作出贡献的意识。

在德育协同教学中,学生通过与教师、同学以及社会其他成员的互动,逐步形成对社会的认同和责任感。协同教学强调的是一种集体行动的过程,通过学生之间的互助、讨论和共同参与,促进其个人思想的丰富与发展,同时增强其对集

体和社会的认同感。共同体建设的一个重要方面是培养学生的社会归属感，使学生感到自己是更大社会的一部分，通过集体活动和合作，学生不仅能提升自身的社会认知能力，还能在共同体中实现自我价值。

在马克思主义视角下，社会互动与共同体建设为德育协同教学提供了重要的理论支撑。马克思主义强调社会关系在个体发展中的重要性，通过集体的力量帮助学生塑造更完整的自我和道德认知。在这个过程中，协同教学不仅仅是在教室中进行的互动，还扩展到学校、社区和社会的广泛网络中，形成了一个更广阔的教育共同体。通过这种互动与共同体建设，德育协同教学能够真正帮助学生理解社会责任和历史使命，并为其未来的社会实践做好准备。

（二）教育中的集体主义与个体主义的统一

马克思主义教育观中，教育不仅关注个体的发展，还强调集体主义与个体主义的统一。在德育协同教学中，集体主义和个体主义是两个不可分割的方面。马克思主义教育观认为，个体的发展必须放置在社会和集体的框架下进行，个体的自由与全面发展必须与社会的共同利益和集体的目标相统一。在德育协同教学中，这种集体主义与个体主义的统一通过教育过程中的互动与合作得以实现。

德育协同教学强调集体主义精神的培养，倡导学生在共同体中发挥自己的作用，通过合作与集体行动为社会作出贡献。集体主义不仅培养学生的社会责任感和道德意识，还能够增强他们的团队合作精神和集体荣誉感。而个体主义在德育协同教学中同样重要，它强调学生在集体中的独立性、创新精神和个性发展。马克思主义认为，个体的自由发展并不是与社会的共同利益对立的，而是在与集体的合作中寻找到个人的价值。因此，德育协同教学通过平衡集体主义与个体主义的关系，帮助学生在尊重他人、服务社会的基础上实现自我价值。

通过在德育协同教学中实现集体主义和个体主义的统一，学生不仅能学会如何为集体和社会贡献自己的力量，也能在实践中实现个人成长和自我完善。马克思主义视角下的德育协同教学不仅关注学生的集体主义精神，还鼓励学生在集体合作中充分发挥自己的个性和创造力。最终，德育协同教学通过这两者的统一，为学生提供一个全面发展的平台，帮助他们在社会中找到自己的位置并为社会贡献力量。

（三）德育协同教学如何推动社会主义核心价值观的实践

德育协同教学在马克思主义教育观的指导下，能够有效推动社会主义核心价值观的实践。马克思主义教育观强调，教育的最终目的是培养具有革命精神和社会责任感的公民。社会主义核心价值观作为当代中国社会发展的核心指导思想，需要通过教育系统，尤其是德育协同教学，深入人心。通过协同教学的方式，学生在集体的互动中，能够更好地理解社会主义核心价值观的内涵，增强对国家、社会和个人责任的认同感。

在德育协同教学中，教师、学生和社会各方面的协作共同作用，确保社会主义核心价值观在学生思想中的深植。教师不仅传授知识，还通过日常的行为和教育引导，帮助学生树立正确的价值观；学生则通过集体的活动和社会实践，学会如何在实际生活中践行这些价值观。德育协同教学的一个重要功能是通过社会互动和合作，将社会主义核心价值观内化为学生的个人行为规范，并通过集体行动展示这些价值观的实践意义。

此外，德育协同教学不仅关注学生个人道德的提升，还强调集体道德和社会责任的培养。通过教师与学生、学生与学生之间的互动，德育协同教学能够在更广泛的社会层面推动社会主义核心价值观的普及与实践。最终，德育协同教学为学生提供了一个将社会主义核心价值观应用到实际生活中的平台，使其在学生的日常行为、社会实践中得以体现。

（四）马克思主义视角下德育协同教学的创新性探索

马克思主义教育观为德育协同教学提供了深刻的理论基础和指导思想，然而，随着社会的不断发展，德育协同教学也需要进行创新性探索，以适应新时代的需求。在马克思主义视角下，德育协同教学的创新不仅仅是教育内容的更新，更是教育形式和方法的创新。随着信息技术和全球化的推进，德育协同教学需要突破传统的课堂教育模式，探索新的教育形式和方法。

马克思主义教育观为德育协同教学的创新提供了一个重要的框架，即通过集体主义和个体主义的统一，推动教育的多元化与互动性。德育协同教学的创新体现在将现代技术手段与教育相结合，例如利用互联网平台开展在线学习、虚拟实训和社会实践等，打破了时空限制，使得德育教学更加灵活和高效。此外，德育协同教学还需要通过跨学科的融合，结合社会学、心理学等领域的最新研究成果，推动德育教育的理论和实践创新。

在马克思主义教育观的指导下，德育协同教学的创新不仅关注教育手段的更新，还要注重教育理念的深化。新时代的德育协同教学需要更加注重对学生主体性的培养，尊重学生个性和自主性，在集体协作的基础上提供更多的自主选择和自由发展空间。通过创新教育形式和方法，德育协同教学能够更好地促进学生全面发展，培养具有社会责任感和历史使命感的新时代公民。

第二节　现代教育学与协同教学理论

一、现代教育学的发展与基本理论

（一）现代教育学概述

现代教育学作为一门独立的学科，起源于18世纪的启蒙运动时期，随着西方社会科学体系的发展而逐步成形。它的理论基础深受卢梭、康德、赫尔巴特、杜威等思想家的影响，尤其是杜威的"教育即生活""教育即成长"的观点，深刻地改变了以灌输为主的传统教育观念。现代教育学的形成，与工业社会对教育制度、教育目的和教育方式的全方位变革密不可分。随着社会对知识型人才的需求不断提高，教育不再仅仅是道德训诫或技能传授，而逐渐演变为研究人与社会互动过程中学习与发展的科学。

现代教育学的核心理念之一是"以人为本"的教育理念，强调教育应尊重学生的主体性，关注个体差异，促进学生的全面发展。它强调学生不仅是被动接受知识的对象，更是教育活动的主动参与者和建构者。此外，现代教育学强调教育的社会属性，认为教育是社会发展的产物，同时又反作用于社会，是社会制度、文化价值和科技成果的传递通道。教育过程被视为人与环境、人与人之间相互作用的过程，这种交互性也是现代教育理念的重要组成部分。

同时，现代教育学也高度重视教育的实践性。教育不仅是一种理论构建，更是一种社会实践活动，需要在具体的教育情境中得以验证与反思。这种对教育实践与教育理论统一的追求，使现代教育学具备了强烈的问题意识和现实关怀。因此，现代教育学在理论研究之外，也日益重视对教育实践场域的观察、干预与改进，这为德育协同教学提供了丰富的理论借鉴与现实参照。

（二）教育的本质、目的与任务

在现代教育学视域中，教育的本质被定义为一种有意识、有组织地促进个体发展和社会进步的社会活动。教育不仅仅是知识的传播和技能的传授，更是文化的传承、人格的塑造和社会化过程的具体体现。现代教育理论强调教育具有双重功能：一方面是促进个体的身心健康与全面发展，另一方面是服务于社会的持续发展和文化延续。教育因此被视为个体与社会之间进行深层互动的纽带。

教育的目的在现代教育学中被多角度阐释。传统教育更多强调"成才"，而现代教育更加强调"成人"。这不仅仅意味着能力和知识的积累，更重要的是人的完整性、独立性和社会性的发展。现代教育学认为，教育的根本任务应当是帮助个体形成健全的人格，树立正确的世界观和价值观，增强社会责任感与公民意识，从而实现个体的全面发展和社会的整体进步。特别是在民主社会中，教育承担着培养理性公民和维护社会公平正义的重要任务。

教育的任务也因社会需求的多样化而变得更加复杂。在现代社会，教育不仅要传授基础知识和职业技能，还要促进学生的批判思维、合作意识、创新能力和终身学习能力的形成。此外，教育还承担着化解社会矛盾、推动文化融合、促进国家认同的责任。在这一背景下，教育的任务不仅要服务于个体，更要面向社会、国家和人类的整体发展。德育作为教育的重要组成部分，根本任务就是通过系统的道德教育，引导学生形成健全的伦理意识和社会行为规范，培养具有高度社会责任感和历史使命感的时代新人。

（三）教育内容与方法的多样化

随着知识更新速度的加快和社会结构的日益复杂，现代教育内容和方法呈现出前所未有的多样化趋势。这种多样化不仅体现在教学科目的拓展上，也反映在课程体系的灵活性、教学手段的多元化以及教学目标的多层次设置中。教育内容不再局限于传统意义上的"读书写字"，而是涵盖了文化理解、价值引导、能力建构和情感态度等多个维度，体现了教育的综合性和发展性。

现代教育内容的多样化，首先是对课程内容的重构。知识不再是孤立的传授对象，而是与现实生活紧密联系的有机整体。教育更加关注跨学科知识的整合与应用，重视对学生的综合素养和创新能力的培养。例如，STEM教育、项目式学习和课程思政等教学改革实践，都是对传统课程内容的积极扩展。特别是在德育领域，课程内容更加注重社会现实的反映，如环境保护、网络伦理、公民权利、国家意识等问题，已成为现代德育课程的重要组成部分。

在教学方法方面，现代教育更加强调"以学生为中心"，倡导启发式、探究式、合作式、体验式等新型教学模式。这些教学方法强调学生的主动参与和自主建构知识的能力，重视学习过程中的思维发展和价值认同。技术的发展也极大地丰富了教学手段，网络教学、智慧课堂、虚拟实验、游戏化学习等为教育提供了新的可能性。教育方法的多样化，不仅提高了教学的趣味性和效率，也促进了学生个性化学习的实现。

在德育协同教学中，内容与方法的多样化更显重要。教师不仅要关注"教什么",更要关注"如何教",即如何通过灵活有效的方法,使学生在潜移默化中认同道德价值并付诸实践。协同教学本身就是一种多元主体参与、资源共享、任务协作的教育组织形式,需要教学方法具备开放性、互动性与整合性。这种方法的多样化,不仅增强了德育的现实针对性,也提升了其教育效果,为新时代高校德育目标的实现提供了坚实的实践路径。

二、协同教学的理论基础

(一) 协同教学的定义与基本特点

协同教学是一种通过多方合作与互动来实现教育目标的教学方法,其核心在于教师、学生以及其他教育主体在教育过程中共同参与、相互协作,以提升教学效果和学习质量。与传统的教师主导的单向教学模式不同,协同教学强调教学各方在平等、互助的基础上共同承担教学责任。它依托于学生、教师以及外部环境(如家长、社会机构等)的紧密合作,形成一个有机的教育生态系统。

协同教学的基本特点之一是互动性。教学过程不再是教师向学生单向灌输知识,而是通过师生之间以及学生与学生之间的互动,激发学生的学习兴趣,促进思维碰撞和思想交流。这种互动性能够有效促进学生自主学习能力和批判性思维的培养。此外,协同教学强调任务导向与合作精神。通过小组合作学习、团队任务等形式,学生能够在集体合作中学会如何分工协作、沟通协调,从而增强其团队合作意识和社会责任感。

协同教学的另一个显著特点是情境化与灵活性。在协同教学中,教学内容和方法往往根据学生的具体需求、兴趣和学习背景进行灵活调整,教师不再局限于传统的固定教材和课程体系,而是根据教学情境的变化,适时调整教学策略,以确保教学活动的最大效益。此外,协同教学强调跨学科的整合,推动不同学科之间的知识融合,通过跨学科的教学合作,激发学生的创造力和综合能力。这使得协同教学能够适应不断变化的教育需求,提升教育的质量和实效。

(二) 协同教学的哲学背景与理论支持

协同教学的理论基础深受多种哲学思想的影响,尤其是社会建构主义、批判教育学和人本主义教育理论。社会建构主义认为,知识并非外部世界的简单反映,而是个体与环境交互作用的结果,学习是学生与他人共同参与的建构过程。因此,协同教学的本质便是通过社会互动和合作,学生能在与他人的交流中建构知识、解决问题,并形成独立思考的能力。

批判教育学，特别是保罗·弗雷雷的"教育解放"理论，也为协同教学提供了理论支持。弗雷雷强调教育不应仅仅是对学生知识的灌输，而应当通过批判性思维和社会实践，帮助学生摆脱压迫、实现解放。协同教学在这一理论基础上，倡导通过集体合作和互动参与，帮助学生理解社会结构，培养批判性思维和社会责任感，进一步推动教育的社会变革。

此外，人本主义教育理论也为协同教学提供了重要的理论支持。人本主义教育强调尊重学生的个体性和自主性，认为每个学生都有独特的学习需求和发展潜力。协同教学在此基础上，通过促进学生之间的互动与合作，尊重学生个体差异，激发学生的学习动力，从而更好地支持学生的全面发展。

（三）协同教学的作用机制与方法应用

协同教学的作用机制可以通过三个方面来理解：激发学生学习动机、促进知识深度理解和提升团队协作能力。首先，协同教学通过师生之间的互动以及学生间的合作，能够有效激发学生的学习动机。与传统的单向灌输式教学不同，协同教学强调学生在学习过程中的主动性和参与感。通过小组讨论、角色扮演、合作任务等形式，学生不仅能够在合作中感受到成就感和责任感，还能够通过集体智慧提升自己的学习兴趣和动力。

其次，协同教学有助于促进学生对知识的深度理解。在传统的教学模式中，学生往往只是被动地接受知识，难以在实际生活中运用所学的理论。而在协同教学中，学生通过对实际问题的讨论和解决，能够将理论与实践相结合，促进对知识的深层次理解。例如，通过小组合作解决一个实际问题，学生不仅能够理解理论背后的原理，还能够看到知识在实际中的应用，进而加深对知识的掌握和应用能力。

最后，协同教学强调团队合作，能够有效提升学生的协作能力和社会适应能力。在小组合作中，学生需要与他人合作解决问题，这不仅要求学生具备沟通、协调和合作的能力，还能够培养其团队精神和集体主义意识。在集体协作的过程中，学生能够学会如何处理人际关系、如何在多方意见中寻求共识、如何在团队中发挥自己的优势。

在方法应用方面，协同教学采用多种灵活多样的教学策略。首先，任务驱动是协同教学的常用方法。通过设计具有挑战性和实际意义的任务，学生在合作中进行知识的探索和创新，进而提升学习效果。此外，反向课堂、翻转课堂、合作学习和情景模拟等方法也在协同教学中得到了广泛应用。这些方法强调学生的主体作用、强调学生在实践中学习，并鼓励学生通过合作解决问题，从而提高其综合能力和实践能力。

协同教学的应用不仅局限于课堂，还能够扩展到社会实践、社区服务、网络平台等多种教学场景。在这些场景中，协同教学不仅能够更好地实现知识的传播，还能培养学生的社会责任感以及提升其创新能力，推动教育从知识传授向能力培养和素质提升的转变。通过多种方法和策略的应用，协同教学在提高教学效果的同时，也能够培养学生的团队协作精神、创新思维和社会责任感。

三、现代教育学视角下的德育协同教学

（一）教育学视角下德育协同教学的整体性与系统性

从现代教育学的视角来看，德育协同教学不是各方力量的单纯结合，而是一个整体化、系统化的教育过程。教育学理论强调，教育应当是一个有机的整体，各种教育要素应当相互联系、协调作用，形成合力。德育协同教学的整体性要求教师、学生、家庭、社会等多个主体共同参与到教育过程中；系统性则要求这些参与者不应在表面上相互联系，而应从教育目标、内容、方法和评估等各个方面紧密配合，形成一个有效运作的教育系统。

具体来说，德育协同教学的整体性体现在其关注多主体、多层次的教育过程。在传统的教育模式中，教师作为主导力量，承担了知识和价值的传递功能。然而，在德育协同教学中，教育不仅仅依赖于教师的传授，还要通过全体教育主体共同作用来实现目标。教师、学生、家长以及社会各界的共同参与，使得德育教育不仅是学校的任务，更是全社会的责任。这种协同作用的实现，要求各方共同规划教育目标和教育路径，并在实施过程中相互配合，确保教育的效果和目标的达成。

系统性则是德育协同教学在现代教育学中的核心特征之一。现代教育学强调教育是一项系统化的工程，需要在全局性谋划和具体实施层面上保持一致性。在德育协同教学中，教育目标的设定必须与教学内容和方法相匹配。各方力量应当共同建立符合社会主义核心价值观的德育体系，并在实施过程中确保教育的持续性和连贯性。德育协同教学的系统性还体现在其评估机制上。现代教育学提倡通过全面、立体的评估体系，跟踪和反馈学生在德育方面的成长轨迹，及时调整教育策略，以确保教育的有效性和可持续性。

（二）协同教学在德育中的作用与效果

协同教学在德育教育中的作用是多方面的，且其效果能够在多个维度上得到体现。首先，协同教学能够促进学生的思想政治素质和道德认知的提高。传统的

德育教育往往依赖于教师单向灌输知识的方式，学生只是被动接受道德教育。而在协同教学中，教育不再是单向的传授，而是通过师生之间、学生与学生之间的互动和合作，激发学生的自主思考和批判性思维。通过小组讨论、角色扮演、社会实践等形式，学生能够在互动中加深对德育理论和实践的理解，将理论内化为实际行为。

其次，协同教学能够增强学生的社会责任感和集体主义精神。德育教育的最终目的是培养具有社会责任感、能够为集体和社会做贡献的公民。通过协同教学，学生不仅能够学习道德规范，更能通过集体合作和社会实践，增强对社会的认同感和责任感。在集体活动中，学生需要与他人合作，共同解决问题，这能够帮助他们培养团队合作精神、沟通能力以及领导力。这种集体合作学习的方式，不仅能提高学生的个人能力，更能促进其道德行为的发展。

协同教学还能够塑造学生的情感与价值观。在协同教学中，学生通过互动与合作，能够共同经历教育情境中的感情波动和价值选择，从而加深对道德价值的认同。这种情感共鸣有助于学生在实践中践行所学的道德规范，并将其内化为自觉的行为模式。

（三）多学科交叉视野下的德育协同教学创新

现代教育学倡导跨学科的交叉融合，德育协同教学也应当走向学科间的融合与创新。在德育教学中，单一学科的视角和方法难以全面涵盖学生的成长需求。随着社会的发展，学生面临的道德挑战越来越复杂，传统的德育方式可能无法有效解决当下的教育问题。因此，德育协同教学需要借鉴其他学科的理论和方法，形成多维度的教育框架。

例如，在德育协同教学中，可以结合心理学的理论，帮助学生认识道德行为背后的心理动因。心理学为德育教学提供了关于个体情感、动机和行为的理论支持，能够帮助教师更好地理解学生的心理变化，进而调整教学策略。此外，社会学的理论也能够为德育协同教学提供支持，帮助教育者了解社会结构、文化背景以及社会变迁对学生思想和行为的影响。社会学视角下的德育教学，更加注重学生的社会化过程，强调个体在群体中的互动和行为规范的形成。

通过这些学科间的融合，德育协同教学能够实现更全面的教育目标。它不仅能够帮助学生理解道德理论，还能培养学生在不同社会情境下做出道德判断的能力，从而提高学生的社会适应能力和道德素质。这种跨学科的创新探索，使德育教育不再局限于传统的道德规范讲授，而是成为一个综合性的、具有多元视角的教育过程。

(四) 在现代教育学框架下推进德育协同教学的理论建设

在现代教育学框架下推进德育协同教学的理论建设，需要从理论深度、实践路径和教育评估等多个方面进行系统性思考。首先，理论建设要注重对教育本质的再认识。现代教育学视角下的德育协同教学不仅是价值观的传递，更是学生全面发展的基础。我们需要结合现代教育学的基本理论，深入分析德育协同教学的目标、内容、方法等方面，探索其与学生认知发展、情感态度培养和社会责任感形成的内在联系。

其次，在实践路径上，要将德育协同教学融入教育实践的各个环节。现代教育学提倡实践导向的教育方法，这就要求德育协同教学不能仅停留在理论探讨层面，还要付诸实践。教学设计应当将德育目标与学生实际生活相结合，利用社会实践、团队合作、情景模拟等方法，帮助学生在实践中理解并内化道德价值观。在这一过程中，教师不仅要发挥引导作用，还要通过实际行动，培养学生的社会责任感和集体主义精神。

最后，教育评估机制是推进德育协同教学理论建设的重要环节。现代教育学强调多元评估和全程评估，德育协同教学的评估不仅要关注学生的知识掌握，还要评估学生在情感、行为和社会责任等方面的成长。因此，建立科学的评估体系、及时反馈德育教学效果并进行调整是推动德育协同教学理论不断创新和完善的重要措施。

第三节 高校德育协同教学的国际经验借鉴

一、国际上德育协同教学的实践背景

(一) 国际德育协同教学的发展历程

德育协同教学作为一种教育模式，源自教育学科对教学方法的不断探索与创新。在20世纪初，西方教育思想家（如杜威和怀特海）的实践教育理论为教育改革提供了重要的理论支持，他们强调教育应从学科中心转向学生中心，并提倡通过集体合作与社会互动来促进学生的全面发展。德育协同教学正是在这种教育理念的启发下逐步形成的。

在20世纪中期，随着社会变革和全球化进程的加快，德育的理念逐渐从单纯的道德规范教育转向更广泛的社会责任感与公民意识培养。特别是在欧美国家，教育体制改革引导了德育的多元化发展，德育不再局限于家庭和学校的独立教育，而是开始重视家庭、学校与社会三方的协同作用。例如，美国在20世纪60年代的"品德教育复兴"运动中，提出了家庭、学校和社区共同承担德育责任的理念，为协同教学模式的实践奠定了基础。

进入21世纪，随着信息技术的迅速发展和全球教育理念的交流，德育协同教学的概念进一步扩展到跨文化和跨学科的视野。在一些发达国家，尤其是北欧国家，教育系统开始加强跨学科协同与社会实践的结合，将德育目标与学生的社会适应能力、全球视野相结合，倡导全员、全过程、全方位的教育模式。这种教育模式不仅促进了学生的个人道德成长，还加强了他们在全球化社会中的公民意识和责任感。德育协同教学在国际教育中的逐渐普及，标志着教育模式从单一学科传授向综合素质培养转变。

（二）不同国家和地区德育协同教学模式的特点

在全球范围内，德育协同教学的实践在不同国家和地区呈现出不同的特点和发展路径。例如，在美国，德育协同教学通常体现为"品德教育"的形式，学校、家庭与社区密切合作，共同培养学生的社会责任感和公民意识。美国的品德教育注重从小培养学生的道德责任感，尤其是在中小学阶段，德育课程往往结合实际案例，强调学生在集体活动中的参与合作，帮助学生理解道德规范，并通过社会实践提升其社会认同感。

在欧洲，尤其是北欧的教育系统，则以"社会协同教育"为特色，注重通过教育培养学生的社会适应能力和全球视野。瑞典、芬兰等国的教育体系强调德育教学的社会功能，不仅关注学生的个性发展和社会责任感，还注重学生与不同文化背景、不同社会群体的互动。北欧国家的德育模式重视学校、家庭和社会的广泛参与，尤其是在社会服务、社区参与和公益活动等方面，学校与社会的合作密切，极大地增强了学生的道德责任感和社会实践能力。

在亚洲，日本和韩国的德育协同教学模式则偏重学校教育与家庭教育的结合。日本强调德育的传统性，注重对学生的道德情操和群体意识的培养，学校和家庭在教育过程中起到互补作用。在韩国，德育教学则注重家庭、学校与社会三方面的协调，学校教育与家庭教育的紧密结合，使得学生能够在更为复杂的社会环境中培养出特别适应社会的行为规范。

总的来说，国际上不同国家和地区的德育协同教学模式具有鲜明的本土特色，但都强调多方协作与互动，共同推动学生的道德教育和社会责任感的培养。

二、西方国家的德育协同教学经验

（一）美国德育协同教学的实践与理论基础

美国的德育协同教学实践，深受其独特的社会文化环境、教育体制及价值观念的影响。在多元文化、多族裔、多宗教背景交织的社会中，道德教育不仅关乎个人品行的培养，更成为维系社会团结与促进公民责任意识的重要机制。早在20世纪初，美国教育界就对"品德教育"进行了积极探索，而20世纪中期以后，伴随民权等运动的兴起以及教育民主化改革的推进，美国的德育协同教学呈现出多维融合的发展趋势。

特别是在1960—1970年，美国社会经历剧烈的政治与文化变革，如民权运动、反战运动、校园改革等，这些都促使德育从"学校主导"的封闭体系逐步转向以"学校—家庭—社区"三位一体的协同育人模式。德育教育的重心也从传统的"行为训练"转向"价值澄清""民主参与""社会责任"的引导。这一转变不仅提升了学生参与德育的积极性，也强化了德育的实践取向和社会功能。

在理论层面，美国德育协同教学的根基深植于社会建构主义与民主教育理论之中。以约翰·杜威（John Dewey）为代表的教育思想家强调，教育的本质是一种社会实践过程，德育必须根植于真实的社会生活之中，注重学生与社会环境的交互与经验建构。在杜威看来，教师应成为学习共同体中的引导者和合作者，而非高高在上的道德裁判者。德育不是单向度的知识灌输，而是通过经验积累、反思和集体合作逐步形成的。

基于这一理念，美国的德育协同教学格外重视"项目导向"和"情境教学"，强调学生在真实情境中构建道德理解并发展行为规范。例如，"服务学习"（Service Learning）就是一种典型的融合型德育实践，它将社会服务与课堂学习紧密结合，学生在为社区服务的过程中理解社会责任与公民角色，并在反思中形成更稳固的道德认同。

在实践操作中，美国众多非营利组织和政府机构也积极介入德育协同教学体系的建设。"品德教育伙伴组织"作为具有代表性的全国性机构，致力于通过课程开发、实践活动、家校沟通等方式推动德育的社会化进程。该组织倡导"核心价值教育"，如诚实、尊重、公正、同理心等，并鼓励家庭、社区与学校共同营造良好的道德教育环境。与此同时，面对校园暴力、青少年犯罪、心理健康等问题，美国德育协同教学的实践也日益强调危机干预和预防教育功能，通过德育课程与心理支持机制的融合，引导学生形成正确的道德判断与行为规范，提升其社会适应能力和抗压能力。

（二）德国、法国等国家的德育协同教育实践

相较于美国以社区参与和多元文化融合为特色的德育协同教学，德国和法国等欧洲国家的德育教育实践则展现出更为深厚的哲学传统与制度化保障，强调从文化传承和国家认同出发进行系统性的道德教育设计。

在德国，德育教育深受康德"道德法则源于理性"和黑格尔"国家是伦理生活的现实"的哲学传统影响。德育的核心不仅是培养守法的个体，更是培育有理性思维和责任感的现代公民。在这种理念下，德国的德育协同教学高度重视社会整体对个体道德发展的影响，尤其是在基础教育和职业教育体系中构建了较为完善的协同育人机制。

德国的"双元制"职业教育体系是德育协同教学的重要体现，该体系将学校教育与企业实践相结合，使学生在真实的职业环境中学习专业技能的同时，培养其责任意识、职业伦理以及社会行为规范。学校通过课堂德育教学提供理论基础，企业则在实践中强化学生的道德行为标准，如团队合作、遵守规章、客户服务意识等。此外，德国政府鼓励地方社区和家长委员会参与学校德育活动，推动家庭与社会力量的共同参与，为青少年的德育发展提供全方位支持。

与此同时，德国的德育教育还注重培养学生批判性思维和历史责任感，尤其是在反思历史（如纳粹历史和战争责任）方面，学校通过历史教育与公民课程的融合，使学生在了解国家发展进程的同时，强化对社会正义、尊重差异和维护和平的价值认同。这种以历史和伦理为导向的德育教育，不仅提升了学生的公民意识，也增强了其社会参与能力。

法国的德育协同教育则更突出共和国传统与民主价值的融合。自第三共和国以来，法国教育始终坚持"自由、平等、博爱"的一致的社会价值观，并将其贯穿于整个国民教育体系中。在法国，德育不仅是课程的一部分，更是国家政治文化认同的重要载体。教育部通过全国统一的《公民与道德教育课程》（*Enseignement moral et civique*），系统地引导学生理解法治精神、尊重他人权利与自由、认同国家制度与社会契约。

法国德育协同教学强调"学校—社会—家庭"三者之间的责任共担，尤其在应对多民族、多语言、多宗教融合的现实背景下，学校积极与社区组织合作，开展以"包容、对话、多元"为主题的教育活动，提升学生的跨文化理解与社会责任感。例如，在移民社区较为集中的地区，学校会开展"身份与文化认同"专题项目，邀请社区长者、民间团体和社会工作者走进校园，与学生共同探讨社

会融合与民主参与问题,增强学生的公民意识与社会认同。

此外,法国德育体系也非常重视青少年对社会问题的敏感度教育。通过模拟法庭、学生会议、社会调研等形式,法国学生从小学到高中都被鼓励就社会热点议题提出批判性观点并尝试提供解决方案。这种参与式、探究式的教育方式,不仅拓宽了学生的德育视野,也增强了其作为未来公民的责任担当和行动能力。

(三) 西方德育模式的比较与反思

西方国家的德育模式在协同教学方面的实践各具特色,但也存在一些共同点与挑战。从美国的品德教育到德国、法国等国家的社会责任教育,西方德育协同教学的一个共同点是强调社会互动、合作与共同体建设。不同国家的德育教育虽然各自注重不同的价值观和教育理念,但都强调教育的社会性和公共性,认为德育不仅是学校的任务,更是社会、家庭和社区的共同责任。

然而,西方德育教育模式也面临一些批评与反思。首先,德育教育往往过于注重对集体主义和社会责任感的培养,容易忽视个体发展与自由的平衡。部分学者认为,西方德育模式中对公民责任的强调,有时可能导致学生个性和自主性的压制,尤其是在严格的道德规范和集体行为中,学生的独立思考和创新能力未必得到足够的重视。其次,西方德育教育在全球化背景下面临文化多样性带来的挑战。在跨文化的社会中,不同群体的价值观和道德标准存在差异,如何平衡这些差异,形成一种包容性的德育教育体系,成了西方国家面临的难题。

此外,西方德育模式的实施过程中,也暴露出一些社会不平等和教育资源分配不均的问题。在一些发达国家中,德育教育往往更多地服务于主流群体,而对边缘群体和少数族裔的关注不足。这导致了德育教育的普适性和公平性的问题,尤其是在社会多元化日益加剧的背景下,如何确保所有学生都能平等接受德育教育,成为亟待解决的社会问题。

总的来说,西方德育协同教学的实践虽然取得了诸多成果,但也面临理论和实践的双重挑战。通过反思这些经验,其他国家可以从中汲取有益的教训和启示,推动德育教育的进一步发展和创新。

三、亚洲国家和地区的德育协同教学模式

(一) 日本、韩国、印度等国家的德育协同教学模式

亚洲国家和地区的德育协同教学模式具有深厚的文化底蕴和社会背景,每个国家的德育教育都各具特色。日本、韩国和印度作为亚洲重要的教育大国,它们

的德育教育模式不仅深受本国传统文化的影响，也在现代教育体系中融入了更多协同教学的元素。

在日本，德育教育被视为培养学生品德和社会责任感的核心部分。日本的教育体制强调家庭、学校和社会三方合作，致力于通过集体主义和社会秩序教育来塑造学生的道德观和行为规范。日本的德育教育不仅关注学生的道德素质，还强调培养学生的公民意识和集体责任感。学校通过社团活动、集体劳动、班级活动等形式，鼓励学生在实践中学习合作和责任。在这一过程中，教师不仅是知识的传递者，更是学生行为的引导者和协作的组织者。

在韩国，德育协同教学的重点是培养学生的公民责任感与社会适应能力。韩国的德育教育以"道德教育+人文教育"为主，通过课程、课堂活动和社会实践，强调对学生的道德认知和情感态度的培养。韩国在德育教育中注重道德行为与社会实践的结合，倡导通过社会活动、志愿服务和社区参与来培养学生的责任感和集体主义精神。教师、学生及家长的合作在此过程中至关重要，家庭教育与学校教育相辅相成，确保学生在成长过程中能够从多个层面接受到道德和社会责任的教育。

印度的德育教育具有鲜明的多元文化特征，印度是一个文化、宗教和语言多样性的国家，德育教育必须在这样一个多元化的社会环境中进行。印度的德育教育强调通过对文化认同和社会责任感的培养来塑造学生的品德。印度的学校通过课程、宗教教育、社区活动等方式，传递道德教育的核心价值。印度的德育协同教学注重跨宗教、跨文化的包容性教育，致力于在学生中培养平等、尊重和合作的社会价值观。在这一过程中，学校、家庭和社区三方协作，共同参与学生的德育教育，确保学生在多元文化的背景下形成健全的道德观念。

（二）文化差异对德育协同教学的影响与启示

在亚洲各国德育协同教学的实践中，文化差异起到了至关重要的作用。不同的文化背景、社会结构和教育传统，使得各国在德育协同教学模式上展现出各自的特点。日本、韩国和印度的德育协同教学模式虽然有很多相似之处，但也在文化背景的影响下形成了各具特色的教育实践。

首先，文化传统对德育协同教学的影响表现在教育理念上。以日本为例，其文化中强调群体主义和社会和谐，这在其德育教育中得到了充分体现。日本的德育教育注重学生的集体责任和社会行为规范，教育重点放在如何促进社会和谐与秩序上。而韩国则更加注重对社会适应能力和公民责任感的培养，特别是在快速发展的现代化社会中，如何保持传统的集体主义精神与现代个体主义精神的平衡成为其德育教育的一个挑战。

印度的德育教育则面临更加复杂的文化背景。印度是一个拥有众多宗教和文化群体的国家，其德育教育必须处理文化和宗教多样性带来的挑战。在这样的背景下，印度的德育协同教学不仅要传递道德教育的基本原则，还要注重各文化和宗教背景的包容性，推动不同群体之间的和谐共处。因此，印度的德育教育更加注重跨文化的教育和社会责任感的培养，使学生能够在多元文化的环境中找到自己的道德定位和社会角色。

文化差异为德育协同教学提供了深刻的启示。在全球化背景下，教育者需要更加注重学生的多元文化适应能力，帮助学生在多样化的文化背景下建立共识，培养学生的包容心、社会责任感和公民意识。教育者还需要通过多元化的教育方法和资源的整合，使学生能够在各种文化视角中找到道德和社会价值的共同点。通过协同教学的方式，教育者可以打破文化壁垒，使学生能够在协作中发展出更加全面的社会适应能力并获得价值认同感。

总之，文化差异对德育协同教学的影响在全球化背景下愈加突出，教育者应当通过创新的教育方法和开放的教育视野，帮助学生适应多元文化社会的挑战。亚洲国家在德育协同教学中的经验和教训，为全球教育体系提供了宝贵的启示，尤其是在如何平衡个体与集体、传统与现代、包容与认同方面，具有重要的借鉴意义。

四、国际经验对中国高校德育协同教学的启示

（一）国际经验对中国德育协同教学的适用性与挑战

随着全球化的深入发展，国际社会对德育协同教学的经验为中国高校的德育教育提供了许多启示。首先，国际经验特别强调德育教育中的社会合作与集体责任感，这对中国高校的德育协同教学具有高度的适用性。在全球范围内，德育协同教学被认为是一种有效的教育方法，它促进了学校、家庭与社会的互动合作。

然而，国际经验在中国的应用面临一定的挑战。首先，中国的教育体系和社会文化背景与西方国家存在显著差异。中国社会历来注重集体主义和国家主义，而西方国家则倾向于强调个人主义和自由主义。中国的德育教育更注重培养学生的社会责任感和集体精神，但在实施过程中，过度强调集体主义可能忽视了对个体差异的尊重与对个体自主性的培养。因此，在借鉴国际经验时，必须考虑如何在强调集体责任感的同时，避免忽视个体发展与自我认同。

此外，中国的德育教育还需要面向现代化进程中出现的一些新问题。随着信

息技术的发展、社会价值多元化的加剧以及教育公平问题的日益突出，如何在德育协同教学中融入现代科技手段、包容性教育理念和多元文化元素，是需要在国际经验的启示下进一步解决的问题。

（二）借鉴国际德育协同教学模式的创新路径

在借鉴国际德育协同教学模式时，中国可以采取以下几条创新路径，以提升德育教育的效果和适应现代教育的需求。首先，结合国际上多方协作的经验，中国应进一步加强学校、家庭和社会三方的合作。这种合作不应仅限于学校和家长的沟通，还应包括社会机构、企业和社区的积极参与。通过构建多方合作的教育生态系统，可以实现德育资源的共享与互补，从而为学生提供更全面的教育支持。

其次，国际经验中强调通过实践活动来增强德育教育的影响力。借鉴这一点，中国高校可以将德育教育与社会实践、志愿服务、社区活动等结合起来，让学生在实践活动中体验和理解道德行为的重要性。例如，鼓励学生参加公益活动、环境保护项目等，通过实践活动加深学生对社会主义核心价值观的认同，提升其社会责任感和集体主义精神。

另外，信息技术的广泛应用为德育协同教学提供了新的契机。通过互联网平台、在线教育工具和虚拟互动，德育教育可以跨越地域和时空的限制，扩大影响范围和深度。国际上一些国家已经开始使用数字平台进行德育课程的推送和互动，这一做法对于中国高校的德育教学模式创新具有重要的战略意义。借助数字化技术，可以让德育教育更加灵活、多样，同时也能够促进学生自主学习和个性化发展。

（三）调整和优化德育协同教学模式

在借鉴国际经验的基础上，如何根据中国的社会文化背景调整和优化德育协同教学模式是当前德育教育面临的一个关键问题。中国独特的历史背景和社会文化特征要求德育教育模式不仅要符合现代教育理念，还要深刻融合中华优秀传统文化与社会主义核心价值观。

首先，德育教育应继续加强集体主义和社会责任感的培养。中国长期以来重视集体主义，这一文化传统有助于培养学生的集体主义精神和社会责任感。在这一基础上，中国的德育协同教学模式可以更加突出"家国情怀"和"社会责任感"的教育内容，让学生在集体合作中认识到个体与社会、国家之间的深刻联系。

其次，结合中国的社会现实和教育需求，德育协同教学还应更加注重对学生个体的关注。在国际德育协同教学模式中，个体的自主性和多样化的需求被高度重视。中国可以借鉴这一理念，推动个性化教育的发展，关注学生的个体差异和个性化成长需求。通过尊重学生的个体性，激发其内在的学习动力和社会责任感，使德育教育更加符合现代学生的成长需要。

最后，德育教育的创新路径也应当注重与中华优秀传统文化的结合。中华优秀传统文化中有丰富的道德教育资源，例如儒家思想中的"仁爱"精神、忠诚与孝道的伦理观念等，这些都可以成为德育协同教学中的重要内容。通过将传统文化中的道德理念与现代社会的价值观相结合，形成符合中国社会文化背景的德育教育体系，进一步增强学生对本民族文化的认同感与自豪感。

综上所述，国际经验为中国高校德育协同教学提供了宝贵的参考，但在实际应用时，需要充分考虑中国的社会文化背景。通过借鉴国际优秀的教育理念和方法，同时结合中国的教育现实和优秀传统文化，能够更好地推进德育教育的创新与发展，为培养符合新时代要求的社会主义建设者和接班人奠定坚实的基础。

第三章　高校德育协同教学的目标与内容

高校德育协同教学的核心在于通过协作的方式，将教师、学生、家庭和社会各方资源进行有效整合，形成一个支持性强、协同高效的教育生态系统。这一模式强调全员、全过程、全方位的育人理念，将课堂教育与社会实践相结合，推动学生在真实情境中践行所学的道德规范，从而实现德育的实效性与长远性。通过对课程内容的多元化、教学方法的创新和社会资源的整合，德育协同教学不仅为学生提供了丰富的道德教育内容，也为他们的个人发展、社会责任感和集体主义精神的培养提供了广阔的空间。

第一节　高校德育协同教学的培养目标

从以上的论述可以看出，高校德育协同教学，旨在通过协同的教育方式，在知识、技能和态度等方面培养学生的全面素质。其核心目标是通过多方协作，帮助学生树立正确的世界观、人生观和价值观，尤其是在社会主义核心价值观的框架下，强化学生的社会责任感和道德意识。

一、价值观的塑造与社会责任感的提升

高校德育协同教学的首要目标是帮助学生树立坚定的社会主义核心价值观，并将其内化为个人的行为规范。这一过程不仅仅是知识的传授，更重要的是通过多维度的教学方式，引导学生在思想、情感和行为上实现全面的道德成长。价值观的塑造不仅关乎学生对社会核心价值的认同，也关乎他们如何在日常生活中践行这些价值，并在社会中发挥应有的作用。高校德育教育的核心目标是通过系统的教育，帮助学生认识和理解社会主义核心价值观的深刻内涵，进而通过教学实践、团队合作和社会活动，将这些理论转化为实际行动。

首先，高校德育协同教学注重通过实践活动来加强学生对社会主义核心价值观的理解。德育不仅仅通过课堂讲授，还通过社会实践、志愿服务和社区活动等形式，帮助学生在现实社会中感知这些价值观的实际意义。在这些活动中，学生

能够直接接触社会问题，参与社会服务，感受与他人合作的力量，并通过解决实际问题理解集体主义精神和社会责任感的内涵。这些活动不仅提升了学生的实践能力，还使他们在行动中学会如何在社会中发挥应有的作用。

其次，团队合作作为德育协同教学的一项重要手段，对于学生集体主义精神和社会责任感的提升具有不可忽视的作用。通过小组合作、集体讨论和项目式学习，学生不仅在知识的获取上得到提升，还能在团队互动中学会如何与他人协作，理解集体主义的精髓。团队合作中的成功与失败经历，能够帮助学生反思自己的行为和思想，促进他们在集体中形成对社会责任的认同感。在这个过程中，学生逐步理解到个人的成长与集体的进步是息息相关的，从而形成强烈的社会责任感。

再次，社会责任感的提升不仅仅体现在学生对社会问题的关注与行动上，还体现在他们如何在具体实践中承担责任。在现代社会，公民责任不仅仅是遵守法律，更包括关注社会的公平与正义、关注弱势群体、积极参与公共事务等。通过德育协同教学，学生能够学会如何担当社会责任，如何以集体的力量推动社会的进步。例如，学生在参与社区服务和公益活动时，不仅能够为社会贡献自己的力量，还能在实践中体验到社会责任感带来的成就感和满足感，从而在长期的积淀中，形成服务社会的责任意识。

最后，德育教育的核心不只是培养学生成为道德规范的遵守者，更要鼓励他们成为积极的社会建设者。学生通过实践活动和团队合作，逐步培养起面对社会问题时的主动担当和解决问题的能力。这种社会责任感的提升，最终能够促使学生在未来成为有担当、有责任心的社会公民，能够在自己的岗位上发挥出色的作用，并为社会的发展和进步做出贡献。

综上所述，高校德育协同教学通过多元化的教学手段，特别是通过实践活动和团队合作等方式，帮助学生树立社会主义核心价值观，并通过亲身参与的方式，将这些价值观内化为自己的行为规范。在这个过程中，学生不仅学会了如何认同和传承核心价值，还逐步提升了个人的社会责任感，最终形成了积极向上、负责任的社会态度。这种价值观的塑造和社会责任感的提升，成为德育教育成功的重要标志。

二、品德与公民意识的培养

通过德育协同教学，学生应该在思想政治素质上得到全面提升，尤其是在培养他们的公民意识方面。高校德育教育不仅仅是对学生道德观念的传授，更重要的是通过课堂教学、社会实践以及集体活动等多种形式，帮助学生树立正确的公民意识，培养其道德自觉性，使他们能够在日常生活中自觉遵循道德规范，体现个人的社会价值。公民意识的培养是德育教学中的一个重要内容，不仅关乎学生的道德行为规范，还关乎他们如何成为负责任、有担当的公民。

首先，公民意识的培养需要从思想政治教育的基础做起。在高校德育协同教学中，思想政治理论课是培养学生公民意识的核心课程。通过系统地学习社会主义核心价值观、道德、法律及其他社会规范等，学生不仅能够了解作为公民所应具备的基本价值观和行为准则，还能够理解这些价值观背后的社会责任与伦理要求。通过这些课程的学习，学生能够明白作为社会成员在国家、社会中的角色和责任，树立起对国家、对社会、对他人负责任的态度。

其次，公民意识的培养不应局限于课堂教学，而应通过实践活动和社会服务来进一步深化。德育协同教学强调学校、家庭与社会的三方协作，学生应通过参与社会实践活动、社区服务、志愿者工作等方式，将所学的公民意识付诸实践。例如，通过参与环保项目、扶贫志愿服务、法律援助等活动，学生能够亲身体验到公民责任的重担，并且通过与他人共同工作，增强其集体主义精神和社会责任感。这些实践活动不仅能够提升学生的社会认同感，还能帮助他们理解公民责任的深层含义，进而在行动中践行社会责任，体现个人的社会价值。

再次，培养学生的道德自觉性也是德育协同教学中的一个重要方面。道德自觉性是指个人在社会行为中能够自觉遵循道德规范，主动做出符合社会价值的行为选择。通过德育协同教学，学生在思想上形成一定的道德认知，并在实际生活中不断反思和纠正自己的行为。教育者不仅要通过理论知识的灌输来提升学生的道德意识，还应通过设置相关的情景模拟、角色扮演等互动方式，让学生在实际情境中体验道德抉择，帮助他们通过实际行动理解并内化道德规范。例如，在讨论社会不公时，教师可以引导学生思考如何通过个人力量帮助弱势群体，如何在职场和社会生活中恪守诚信等道德准则。通过这种方式，学生不仅可以了解什么是道德行为，还能够在遇到实际问题时，主动做出符合道德标准的决策。

复次，德育协同教学通过加强师生之间、学生与社会之间的互动，也有助于增强学生的公民意识。通过参与社会组织、公益团体等，学生能够感受来自社会的价值观引导，理解并体会作为社会成员的责任与义务。高校应联合社会各界的力量，共同开展德育教学，使学生能够从多维度、多层次的教育和活动中，深入感知公民意识的重要性。通过这种全面的协同教学模式，学生不仅能在学校内获得德育教育，也可以在社会实践中深刻体会公民意识与责任感的真实含义。

最后，通过德育协同教学培养学生的公民意识，能够使学生更加关注社会问题，愿意为改善社会做出贡献。德育教育不仅仅是为了培养守法的公民，更重要的是培养有担当、能够为社会进步与公平贡献力量的公民。通过对品德和公民意识的全面培养，学生不仅在个人生活中遵循道德规范，也能积极参与到社会建设中，成为推动社会发展的重要力量。

综上所述，通过德育协同教学，不仅能有效提升学生的思想政治素质，还能够培养学生的公民意识和道德自觉性。通过课堂教学与实践活动的结合、个人与集体的互动，学生能够理解并践行社会主义核心价值观，逐步形成有责任、有担当、符合社会期望的公民意识，为社会的和谐发展贡献力量。

三、个性发展与综合素质的全面提升

德育教育不仅仅是传授道德规范和价值观，更重要的是关注学生的个性发展和综合素质的提升。随着社会的不断进步和时代的变迁，现代社会对人才的要求不再仅限于知识的积累和技能的培养，更多的是强调学生在集体中和谐相处、共建社会的能力，以及独立思考、创新和批判的能力。因此，高校德育教育的目标不仅是培养道德合格的公民，更是培养具有独立人格、创新精神、批判性思维以及高度社会责任感的综合型人才。

首先，德育教育应当关注学生的个性发展。在传统的教育模式中，过于强调统一性和标准化，往往忽视了学生个体差异的存在。每个学生都有独特的性格特点和兴趣爱好，德育教育应尊重学生的个性差异，帮助学生在集体生活中找到自己独特的角色和价值。通过理解和尊重学生的个性，德育教育能够激发学生的内在动力，让他们在积极的自我认同中不断成长和进步。个性化的发展不仅能使学生形成更加健全的道德观和世界观，也能促进其在社会中的自我实现，从而提升其综合素质。

其次，培养学生在集体中和谐相处、共建社会的能力是德育教育的另一项重要任务。社会生活是一个复杂的互动系统，个体在集体中不仅要承担个人的责任，还要学会与他人合作与沟通。通过德育教育，学生能够理解合作与协作的意义，并在实际行动中形成合作精神。高校可以通过小组合作、集体活动、团队项目等形式，促进学生之间的互动与协作，在团队合作中培养他们的集体主义精神、沟通技巧以及问题解决能力。此外，学生在参与集体活动时，也能够通过与不同背景、不同观点的同学互动，拓宽自己的视野，学会理解和包容他人的意见与思想。这种集体主义精神的培养，不仅有助于学生的个性发展，也促进了他们社会适应能力的提升。

再次，德育教育应该通过多学科协作、社会实践等多种途径，帮助学生全面发展其综合素质。现代教育的一个重要趋势是跨学科的整合，德育教育不应局限于思想政治理论课，而应当融入其他学科的教学中。例如，文学、历史、科学等学科可以通过讲述文学作品中的道德教训、人类历史的道德冲突、科学发展的伦理困境等，帮助学生从多维度、多角度思考道德问题，提升他们的批判性思维能力和创新能力。通过跨学科的协作，学生能够在不同学科的知识体系中找到道德教育的切入点，从而培养自己更为综合和全面的素质。

社会实践作为德育教育的重要组成部分，对于学生个性与综合素质的培养至关重要。通过社会实践，学生能够接触到真实的社会环境，面对复杂的社会问题，锻炼自己解决实际问题的能力。无论是参与社区服务、志愿活动，还是参与社会调查、环境保护项目，学生都可以通过亲身体验和实际行动，增强社会责任感和公民意识。在社会实践中，学生不仅能学到更多的实践技能，还能培养出创新精神、团队合作精神和批判性思维。更为重要的是，社会实践能够帮助学生将所学的知识转化为实际能力，让他们在面对社会问题时能够运用所学的理论与方法，做出有效的判断和决策。

最后，德育教育要重视学生的独立思考能力的培养。在现代社会中，独立思考是个体面对复杂问题时必不可少的能力。高校应鼓励学生在德育教育中提出问题、进行思辨，并通过讨论和辩论等形式拓展学生的思维深度和广度。通过批判性思维训练，学生不仅能够辨析道德和伦理问题中的复杂性，还能学会从多个角度分析问题，避免片面性和偏见。独立思考不仅能帮助学生更好地理解和吸收知识，更能培养他们在未来社会中应对复杂环境、做出合理决策的能力。

综上所述，德育教育不仅要关注学生的道德教育，还应注重其个性的发展和综合素质的全面提升。通过尊重学生个性、促进集体合作、开展跨学科协作和社会实践，德育教育能够帮助学生在思想、能力和行为上全面发展。最终，学生将成为具有独立思考、创新精神、社会责任感和批判性思维的综合素质人才，能够在社会中充分发挥自己的潜力，成为新时代的优秀公民。

四、社会适应能力的培养

高校德育协同教学不仅要培养学生的道德品质，还应注重其在实际社会生活中的适应能力。在现代社会中，单纯的知识传授和理论学习已经无法满足社会对人才的全面需求，学生更需要具备灵活应对复杂社会环境的能力。因此，高校德育教育的目标之一是培养学生的社会适应能力，使他们能够更好地理解和融入社会，处理各种社会关系，并在实践中解决实际问题，最终成为具有社会责任感和实践能力的公民。

首先，社会适应能力的培养需要通过与社会实际紧密结合的教学方式来实现。传统的德育教育往往局限于课堂讲授和理论知识的灌输，而社会适应能力的培养则必须通过实践活动来加强。在德育协同教学中，课堂教学与社会实践的结合是提升学生社会适应能力的重要途径。通过社会调研、社区服务、志愿者活动等实践项目，学生可以在真实的社会环境中体验并理解社会的复杂性，增强他们对社会现状的敏感性和应变能力。例如，学生参与社会公益活动时，可以直接接触社会底层群体，了解他们的需求和困境，并通过行动去改善这些问题。这种实践不仅能够加深学生对社会问题的认识，也能够提升他们解决实际问题的能力。

其次，社会适应能力的培养还要求学生具备处理社会关系的能力。现代社会是一个多元化、复杂化的社会，人与人之间的关系也变得更加复杂和微妙。在高校德育教育中，除了强调学生个人的道德修养外，更要注重培养学生在集体和社会中的人际交往能力。通过小组讨论、团队合作、跨文化交流等活动，学生可以锻炼与他人合作的能力，学会在不同文化和社会背景下进行有效沟通与协作。这些活动不仅能够培养学生的集体主义精神，还能帮助他们理解社会成员之间的互动与协调，掌握解决人际冲突和矛盾的技巧，从而更好地适应未来复杂多变的社会环境。

再次，社会适应能力的培养还需要学生具备批判性思维和创新能力。在面对复杂的社会问题时，学生需要能够进行独立思考，并通过创新的方式去解决问题。德育协同教学不仅关注学生的道德规范和价值观，还应鼓励学生思考如何在社会实践中创新，如何利用所学的知识和技能解决实际问题。通过设置情景模拟、案例分析等教学方式，学生能够在虚拟的社会情境中锻炼解决问题的能力，培养创新思维。学生可以在这些情境中尝试不同的解决方案，从而提升他们的批判性思维能力和实际操作能力，为日后步入社会做好充分的准备。

最后，高校德育教育应为学生提供更多的社会实践机会，让他们在实践中不断学习和成长。德育协同教学的核心之一是通过教师、学生、家庭、社会的多方协作，形成一个全面的教育支持系统。高校应利用各种社会资源，为学生提供更多与社会接触的机会，使他们能够在不同的社会环境中感知社会的多样性与复杂性。例如，可以通过与企事业单位的合作，为学生提供实习和社会服务的机会；通过与地方政府、社区组织的合作，为学生提供参与社会治理和公共服务的机会。通过这些社会实践，学生不仅能够掌握课本上的知识，还能在实践中提升社会适应能力，为成为适应社会需求、具备多重能力的优秀人才打好基础。

总的来说，社会适应能力的培养是德育教育的重要组成部分。通过多元化的教学方式和实践活动，学生能够更好地理解社会现实，学会处理社会关系，解决实际问题，提升社会实践能力。高校德育协同教学的目标不仅是培养学生的道德品质，还要让学生具备应对社会变革和挑战的能力，为他们未来的职业生涯和社会生活做好充分的准备。

通过明确这些培养目标，高校能够有针对性地设计德育协同教学的内容和方法，使学生能够在更符合社会需求的背景下接受道德教育，从而为社会培养更具责任感和创新能力的公民。

第二节　高校德育课程体系的协同优化

一、跨学科整合与协同

在现代教育环境下，高校德育课程体系的构建不应局限于传统的学科界限，而应该打破学科之间的壁垒，进行跨学科的整合与协同。这种整合不仅可以增强德育课程的知识深度，还能丰富课程内容的维度，使学生能够从多个角度理解和实践道德规范。跨学科的整合通过结合不同学科的知识和理念，提供了一个更为全面和多元的德育教育框架，有助于学生在各类社会、文化背景中更加灵活地应用和理解道德原则。

首先，思想政治理论课程与心理学、社会学、文化学等学科的结合，能够拓展德育教育的层次。思想政治理论课程通常注重培养社会主义核心价值观和倡导国家的政治理念，但如果将其与心理学课程结合，可以帮助学生更好地理解个人行为的内在动机与心理机制，进而提高他们对自身行为与他人行为的认知和理解。例如，心理学中的社会认同理论可以帮助学生理解集体主义精神如何在社会中形成；社会学中的人际关系和社会结构理论则能够为学生提供有关社会如何影响个体道德行为的深入分析；而文化学则能够帮助学生理解不同文化背景下的道德观念和价值体系，使他们在面对全球化带来的多元文化时，能更好地处理文化差异，增强跨文化理解和包容性。

其次，跨学科整合还能够为德育教育带来更多实践性和针对性。德育课程不应只停留在理论知识的传授上，而应注重学生在实践中的体验与应用。通过将德育课程与学生在社团活动中的实践相结合，学生不仅能够将所学的理论知识应用于现实生活中，还能在与他人的互动中培养团队精神、沟通能力以及责任感等社会实践能力。例如，学生在参与志愿服务、社会实践项目时，能够将思想政治理论中的公民责任和社会义务与实际工作相结合，通过解决实际问题加深对道德规范的理解。在社团活动中，学生可以在组织管理、沟通协调、团队合作等方面得到锻炼，进一步增强集体主义和社会责任感。

再次，跨学科的整合还可以帮助德育教育从多角度、全方位地促进学生的综合素质提升。通过引入多学科的知识，德育教育不仅关注学生的道德认识，还能提升他们的情感认同、心理调节、行为习惯等方面的能力。例如，心理学能够帮助学生理解情感调节与道德判断的关系，社会学则可以为学生提供社会行为模式的分析框架，文化学则有助于学生在文化多样性的背景下理解和践行道德行为。这样的跨学科整合，不仅能够帮助学生形成更加全面的道德认知，还能在他们的实际生活中提供切实可行的道德行为指导。

最后，跨学科的协同不仅仅是知识的结合，更是不同学科教学方法和理念的融合。各学科可以通过相互合作、共同探索来解决学生在德育过程中面临的实际问题。例如，思想政治教师、心理学教师和社会学教师可以联合开展课程设计和教学活动，共同制订符合学生需求的教学计划和实践项目，通过团队合作的方式提升教学效果。在这种协同下，教师不仅是知识的传授者，还是学生德育教育的引导者和支持者，能够从不同的学科视角出发，为学生提供更全面的教育服务。

综上所述，跨学科整合与协同是高校德育课程体系改革的重要方向。将思想政治课程与心理学、社会学、文化学等学科的内容相结合，不仅可以拓宽德育课程的深度和广度，还能让学生在实践中更好地理解和应用道德规范，提升其综合素质。通过这种跨学科的协作和整合，高校德育教育能够更好地适应时代需求，培养出具有社会责任感、创新精神和批判性思维的全面发展的人才。

二、理论与实践相结合

优化后的德育课程体系应更加注重理论与实践相结合。在传统的德育课程中，教育者通常过于关注理论知识的传授，而忽视了学生在实际社会生活中的参与体验。虽然理论知识为学生提供了道德教育的基础，但若无法与实践紧密结合，学生的道德认知将难以内化为自觉行为。为了弥补这一不足，高校可以通过组织社会实践、志愿服务、社会调研等活动，让学生在实践中检验所学理论，从而提升其道德自觉性和社会责任感。理论与实践相结合不仅能够强化学生的社会认知，也能让学生在实践中深入思考和感悟道德规范的重要性，最终实现德育目标的全面达成。

首先，理论与实践相结合的核心是让学生在实践中真正体会到道德规范的价值。在课堂上，德育课程传授的价值观和道德理论固然重要，但这些知识若只是停留在纸面上，则难以在学生的行为中产生实际影响。因此，将理论应用到具体的社会实践中，是激发学生道德自觉性和社会责任感的关键。通过组织社会实践和志愿服务活动，学生能够亲身感受到社会主义核心价值观在社会中的实际意义。比如，学生在参与扶贫、环境保护等公益活动时，可以直接接触到社会弱势群体和环境问题，从而更深刻地理解社会责任的重要性。通过这些活动，学生不仅能够检验自己的道德理论知识，还能在与他人互动的过程中，学习如何将道德规范转化为实际行动。

其次，实践活动能够帮助学生在实际情境中提升问题解决能力和培养集体合作精神。社会实践、志愿服务和社会调研等活动，不仅能增强学生对道德理论的理解，还能锻炼他们的实际操作能力。在面对复杂的社会问题时，学生需要运用所学的理论知识进行分析和决策，这不仅能提高他们的道德判断力，还能帮助他们学会如何通过团队合作共同应对挑战。特别是在集体活动中，学生不仅要遵循道德规范，还要学会与他人合作，协调各方意见，从而增强合作意识。这种实践经验使得学生能够在未来的工作和社会生活中，更好地与他人沟通与协作、更高效地处理复杂的人际关系和社会问题。

另外，社会调研也是将理论与实践相结合的一种有效途径。在社会调研过程中，学生需要运用德育课程中所学的理论知识，结合实际情况进行分析和研究。通过调研，学生能够更加全面地了解社会现实，发现社会中存在的各种问题，并思考如何通过自身的努力推动社会的进步。例如，学生可以通过调查研究不同社会群体的生活状况，了解社会公平正义问题，从而形成对社会责任和社会道德的深刻理解。社会调研不仅能够培养学生的批判性思维和解决问题的能力，还能帮助他们将道德理论与现实问题相结合，增强其社会责任感和公民意识。

最重要的是，理论与实践相结合有助于学生的全面发展。在传统的德育教育中，过度强调理论知识可能导致学生对社会问题缺乏敏感性，而过度强调实践则可能忽视道德理论的深度。只有在理论和实践相结合的过程中，学生才能全面地理解道德理论的内涵，并通过实际行动来践行这些理论，从而实现自身的道德成长和社会适应能力的提升。因此，高校应通过丰富的社会实践活动，促进德育课程与实际社会生活的对接，帮助学生从多维度、多层次提升道德素质，最终培养出具有高度社会责任感、创新精神和实践能力的全面人才。

综上所述，将理论与实践相结合，既能增强德育教育的实效性，也能提升学生的综合素质。通过社会实践、志愿服务、社会调研等形式，高校能够让学生在实践中验证和运用所学的理论知识，进一步激发他们的道德自觉性和社会责任感。通过这种方式，德育课程能够更好地服务于学生的成长与发展，帮助他们在实际社会中更好地承担责任，成为有担当、有理想、有道德的新时代公民。

三、动态调整与课程评估

德育课程体系需要根据时代发展、社会需求和学生个体差异进行动态调整。在快速变化的社会背景下，传统的德育教育内容和教学方法往往难以满足学生日益变化的需求。因此，高校德育课程体系必须与时俱进，灵活应对社会变革和学生个体差异的挑战。通过不断优化和调整课程内容，高校能够确保德育教育更加贴合现实需求，促进学生道德素质和社会责任感的全面提升。

首先，德育课程的动态调整应当基于时代发展和社会需求的变化。随着社会的不断发展和全球化进程的加速，社会中涌现出新的道德问题和社会矛盾，这要求德育课程必须及时跟进并做出相应的调整。例如，互联网的普及和信息技术的快速发展，带来了诸如网络暴力、信息安全等新的伦理问题，德育课程应当关注这些新兴问题，并结合学生的兴趣和实际情况进行课程内容的拓展与调整。此外，社会对于公民道德、社会责任感和公德心的要求也在不断变化，高校德育课程应积极回应这些变化，更新教学内容，帮助学生更好地理解和适应新时代的道德要求。

其次，德育课程的动态调整也应考虑学生个体差异。在高校，学生的背景、性格、兴趣和需求各不相同，因此，统一的德育课程难以全面满足所有学生的需求。为了实现因材施教，高校可以根据学生的特点和兴趣对课程进行个性化调整。例如，对于思想较为成熟、道德认知较为深刻的学生，可以在德育课程中加入更多具有挑战性和深度的内容，如社会责任、全球伦理等；而对于思维较为保守的学生，可以加强道德基础理论和价值观的讲解，帮助他们逐步提升道德判断能力和社会适应能力。通过动态调整课程内容和教学方式，每个学生都能在德育教育中得到最大限度的发展。

再次，建立完善的课程评估机制，是确保德育课程动态调整的必要条件。课程评估不仅应关注学生的学习成果，还要关注学生道德行为的实际变化。在传统的教育评估中，更多的是对学生的知识掌握情况进行评定，但德育教育的效果更为复杂，它不仅仅体现在学生的理论知识上，还体现在学生的道德认知、行为规范和社会责任感等方面。因此，高校在进行德育课程评估时，需要加入对学生道德行为的观察和反馈。例如，可以通过定期开展道德行为问卷调查、师生互动、社会实践活动等方式，收集学生的行为表现和思想动态。通过对这些信息的收集和分析，教师能够及时了解学生的德育学习进展，为课程的调整提供依据。

复次，德育课程的评估应该是一个多维度的综合性评估。除了定期的考核和测验外，还应注重学生在日常生活中的表现，特别是学生参与集体活动、社会实践、志愿服务等活动时的态度和行动。这些活动是学生道德行为和社会责任感的重要体现，因此需要在课程评估中予以重视。通过这种多维度的评估，高校能够全面了解学生的德育发展状况，及时发现并解决问题，推动德育教学的持续改进。

最后，动态调整与课程评估的关键在于反馈机制的有效性。高校应建立一个快速反应的机制，通过定期收集学生、教师及社会各界的反馈意见，快速调整和优化德育课程。这一机制可以通过线上调查、座谈会、师生交流等形式，确保反馈信息的及时性和广泛性。此外，反馈机制应与高校的教学管理系统相结合，将学生的反馈与课程设计、教材内容、教学方法等方面紧密衔接，形成良性循环，不断推动德育课程的改革和创新。

综上所述，德育课程的动态调整与课程评估不仅是德育教学的必要环节，也是确保德育教学持续有效的关键。通过关注时代发展、社会需求和学生个体差异，高校能够确保德育教育内容和方法的与时俱进。与此同时，建立完善的课程评估机制，能够帮助高校及时发现问题、调整教学策略，进一步提高德育教育的实效性，培养具有社会责任感、道德判断力和实践能力的新时代人才。

四、协同教育的多方参与

德育课程体系的优化不仅需要高校教师的努力，还需要家庭、社会和社区的共同参与。德育教育的核心目标是培养学生的道德素养、社会责任感以及积极的社会行为，而这些目标的实现不能仅依赖学校单方面的努力。为了更好地发挥德育教育的作用，高校应当充分利用家庭和社会资源，形成多方协同育人的教育模式。这种模式不仅能够促进学生的全方位成长，还能加强家长、社区和社会的责任意识，共同推动社会文明的进步。

首先，家庭作为德育教育的重要组成部分，对学生的成长起着至关重要的作用。学生在家庭中获得的道德观念和行为规范，对其后来的行为和价值观有着深远的影响。为了增强家长在德育教育中的参与，高校可以通过定期举办亲子讲座、家庭教育研讨会等形式，让家长们更加明确自身在孩子道德教育中的责任和作用。在这些活动中，家长不仅能了解学校德育教育的内容和方法，还能学习如何在家庭中培养孩子的良好品德和社会责任感。例如，学校可以邀请专家教授如何在日常生活中实施德育、如何引导孩子面对社会的挑战、如何培养孩子的责任感和集体主义精神等方面的知识，帮助家长提升教育能力，使他们能够在家庭教育中更加有效地培养孩子的道德观念。

其次，社会的广泛参与对于德育课程的实施也至关重要。德育教育不仅是学校教育的一部分，也是整个社会文化环境的反映。社会的伦理价值观、法律意识以及对公民责任的认知，都会影响学生的道德判断和行为规范。高校应当利用社会资源，通过与社会团体、公益组织等的合作，推动社会力量参与到德育教育中。例如，学校可以与非政府组织合作，组织学生参与社会公益活动，增强学生的社会责任感和集体意识。通过社会实践，学生能够直接接触社会问题，了解社会发展的现实挑战，学会如何在实际社会中发挥作用。通过这种社会互动，学生不仅能够更好地理解课堂上学到的道德知识，还能在实践中锤炼自己的社会责任感和道德判断力。

再次，社区的参与为德育教育的落实提供了一个直接的载体。社区是学生生活的重要场所，也是他们参与社会实践的第一线。高校可以通过加强与社区的合作，促进学生在社区中参与志愿服务、环保活动、文化交流等社会实践，帮助学生理解德育课程中倡导的价值观。例如，学校可以联合社区开展形式多样的活动，如社区环保宣传、文化传承项目、关爱弱势群体的志愿服务等，鼓励学生走出校园，进入社区，亲身体验服务他人、奉献社会的实际过程。通过这种参与，学生不仅能够加深对德育课程内容的理解，还能够感受到作为社会一员应承担的责任和义务，培养其社会适应能力和公民意识。

复次，学校在实施德育课程时，应注重将教师、家长、社会和社区各方面的力量有效整合，形成一个协同育人的网络。通过构建多方参与的育人环境，让学生在学校、家庭、社会和社区中都能受到道德教育的熏陶，从而实现全面的德育培养。高校可以通过组织联合活动、设立多方参与的教育平台等方式，使家长、社会和社区在教育过程中发挥积极作用。例如，学校可以设立家长委员会，定期组织家长参与德育活动的讨论与策划；同时，学校还可以开设社区志愿者培训课程，鼓励学生和社区成员一起参与到社会服务中，形成一个互相学习、共同进步的良好氛围。这些合作和互动，不仅能增强家长和社会各界对德育教育的认同感，也能够让学生在多元化的环境中接受全面的道德教育。

最后，协同育人的成功实施不仅有助于学生个人品德的提升，也能够推动社会整体道德水平的提高。通过家庭、学校、社会和社区的共同努力，德育教育能够形成一个强大的社会支持网络，从而在学生的成长过程中起到更为积极的作用。全社会的共同参与，不仅能够拓宽德育教育的广泛性和深度，还能够促进全社会对道德教育的认同和参与，最终实现社会道德水平的整体提升。

综上所述，高校德育课程体系的优化需要多方参与，特别是家庭、社会和社区的共同努力。通过加强家长的教育参与，利用社会资源开展实践活动，以及通过社区的协作让学生深入社会，高校能够更加有效地推动德育课程的实施，帮助学生在理论与实践中共同成长。最终，这种多方协同育人的模式不仅能够提升学生的道德素质，还能促进社会文明的进步。

第三节 高校德育协同教学的主要内容

一、思想政治教育

高校德育协同教学的基础内容是思想政治教育。思想政治教育在高校德育课程中占据着核心地位，它不仅帮助学生理解社会主义核心价值观和中国的政治制度，还能够在更广泛的层面上塑造学生的世界观、人生观和价值观。在当今复杂的全球化背景下，思想政治教育的作用尤为重要，它不仅能够帮助学生认识自己的社会责任，还能够让学生形成清晰的政治认知，增强其社会参与感和公民意识。

首先，思想政治教育通过系统的政治理论课程，使学生了解社会主义核心价值观。这些价值观是当代中国社会的道德基石，涵盖了富强、民主、文明、和谐等国家层面的价值目标，自由、平等、公正、法治等社会层面的价值追求，以及爱国、敬业、诚信、友善等公民个体层面的行为规范。在思想政治课程中，学生学习这些社会主义核心价值观，不仅能深入理解国家的政治制度和社会发展目标，还能意识到自己在推动国家发展中的责任和作用。通过对理论课程的学习，学生能够掌握中国特色社会主义党的基本理论、基本路线、基本方略，了解中国的政治体制、社会制度以及发展战略，为他们形成正确的世界观、人生观和价值观打下坚实的基础。

其次，思想政治教育不仅仅是理论的灌输，还应包括对当前社会热点问题的讨论。在当代社会，学生面临的社会问题和政治问题日新月异，如何面对信息爆炸和多元化的思想冲突，如何在复杂的社会环境中保持理性判断和积极参与，成了德育教育的重要任务。思想政治课程应紧密结合时事热点，分析和解读社会热点问题，如环境保护、社会不平等、国际关系等，帮助学生形成批判性思维和独立的政治认知。例如，通过讨论全球化背景下的中国外交政策，学生可以深入理解中国在国际舞台上的地位和角色，以及如何维护国家利益，提升个人的社会责任感与全球视野。

再次，思想政治教育还强调学生的政治认知能力的培养。在现代社会，信息来源广泛而复杂，学生需要学会如何从多角度、多层面理解和解读社会现象，形成自己的政治立场。这一过程不仅仅是对知识的吸收，更重要的是如何将所学理论应用到实际中，如何通过批判性思维分析和评估当前社会中的各种问题和事件。通过思想政治教育,学生不仅能够理解社会的现状和发展趋势,还能够培养独立的思维方式和解决问题的能力,学会辨别和理解不同的政治观点和价值观。

　　复次,思想政治教育应当注重对学生的实践能力和社会责任感的培养。理论学习需要与实际生活紧密结合,高校应通过组织学生参与社会实践活动、志愿服务、社会调研等,帮助学生将所学政治理论与社会现实相结合,提升其在实际社会中运用政治理论的能力。通过这些活动,学生可以更好地理解理论的实际意义,增强社会责任感,提升其为社会贡献力量的意识和行动力。这种理论与实践相结合,不仅能够促进学生全面发展,还能让他们更加清楚地认识到个人与国家、社会之间的关系,明确自己在实现中华民族伟大复兴过程中的责任。

　　最后,思想政治教育还需加强对学生的国际视野和跨文化交流能力的培养。在全球化日益加深的今天,了解国际政治、经济和文化动态,以及如何在多元化的世界中找到自己的定位,已经成为大学生的必修课。思想政治教育要通过引导学生关注国际热点问题、参与国际交流等方式,帮助他们树立全球视野,培养与世界各国人民和睦相处、合作共赢的意识。

　　综上所述,思想政治教育是高校德育协同教学的核心内容之一。通过系统的政治理论课程,学生能够了解和掌握社会主义核心价值观,形成正确的世界观、人生观和价值观。同时,思想政治教育还要紧密结合社会热点问题,通过实践和批判性思维的培养,让学生在多元化的信息世界中保持独立的政治认知和社会责任感。通过这样的教育,学生能够更加全面地认识社会、理解国家、明确个人的责任,为个人的成长与社会的进步做出积极贡献。

二、道德素质教育

　　道德素质教育是德育课程体系中的核心目标,旨在帮助学生树立正确的道德观并培养高尚的品德。这一目标不仅仅是通过理论教育来实现的,更多的是通过实践活动、社会经验和情景模拟等方式来引导学生在日常生活中践行道德规范。在这个过程中,学生不仅要学习传统美德和现代道德规范,还要培养自觉遵循社会规则的能力。随着社会的不断发展,德育教育已经从传统的道德教育逐渐向现代化、多元化的道德素质培养转变。

　　首先,学生在道德素质教育中要学习传统美德与现代道德规范。传统美德包括诚实守信、勤劳节俭、尊老爱幼等,这些美德在中国几千年的历史文化中占据着核心地位,是社会和谐和个人成长的基石。在当今社会,这些传统美德仍然具有强大的生命力,帮助学生理解其在家庭、社会、国家等多方面的责任与义务。同时,现代道德规范强调尊重个体权利、社会公正、平等和自由,这些价值观是当代社会不可或缺的伦理要求。在德育课程中，学生不仅要学习传统美德，还应理解现代社会对道德的要求，以形成符合时代发展需求的道德认知。通过对这些传统与现代道德规范的学习，学生能够更好地在复杂多变的社会中做出道德判断，处理人际关系，并在实际生活中遵循道德行为准则。

其次，道德素质教育不仅仅是知识的传授，更注重培养学生实际遵循社会规则和道德规范的能力。一个道德素质高的学生，不仅要在理论上认同道德规范，更要能够在日常生活和社会活动中自觉地践行这些规范。这就要求学校教育在传授道德理论的同时，要创造实际的情境，让学生能够在真实的社会环境中锻炼自己的道德判断和行为规范。比如，学校可以通过组织角色扮演和道德情景模拟等活动，使学生在具体的情境中体验如何做出道德决策，并从中反思自己的选择。这些模拟活动不仅能加深学生对道德问题的理解，还能增强他们的道德自觉性，让他们在实际生活中能够更加自然地遵循道德规范。

例如，在角色扮演活动中，学生可以扮演不同的社会角色，如公民、政府官员、企业家等，并通过这些角色进行互动与决策。通过模拟他们在特定情境下的行为，学生能够在实践中体会到道德规范在解决实际问题中的重要性。比如，在一个虚拟的社会问题解决方案中，学生需要在公平、正义和利益之间做出权衡选择，理解不同价值观之间的冲突与平衡，并通过合作和协调来寻求最佳方案。这类活动不仅能培养学生的道德决策能力，还能提升他们的社会责任意识。

再次，德育教育还应该注重培养学生的道德情感和行为习惯。道德素质教育不仅仅是知识层面的提升，更应触及学生的情感和行为的塑造。通过组织各种社会实践活动，如志愿服务、社区援助等，学生能够亲身体验帮助他人、服务社会的意义，这不仅能培养他们的道德情感，还能使他们在行动上践行道德规范。这些活动不仅让学生理解社会责任感的重要性，还能够增强他们的集体意识，提升其与他人共同参与社会建设的能力。

最后，德育教育的核心任务之一是让学生在具备道德认知和情感的基础上，能够在实际生活中自觉地遵循道德规范。学校教育应提供各种机会和平台，鼓励学生参与到社会中去挑战和解决实际道德问题，使他们在实践中不断完善自己的道德行为。通过课堂内外的互动与实践，学生能够将所学的道德规范转化为日常生活中的行为习惯，形成良好的道德素质，并在未来的社会生活中以身作则，成为具有责任感、良好品德的社会公民。

综上所述，道德素质教育不仅仅是理论的学习，更是实践的培养。通过系统的课程设计和丰富的实践活动，学生不仅能学到传统与现代道德规范，还能培养出自觉遵循社会规则和道德规范的能力。通过角色扮演、道德情景模拟等活动，学生在实际情境中体验道德决策和行为，增强道德自觉性。最终，德育教育通过全面的理论与实践相结合，帮助学生培养出高尚的品德和强烈的社会责任感，使他们能够在复杂的社会中做出正确的道德判断，承担应有的社会责任。

三、社会责任感教育

随着社会的发展，大学生面临的社会挑战日益增多，尤其是在全球化和信息化迅速发展的今天，社会问题变得更加复杂和多样。德育协同教学的核心内容之一，是加强学生社会责任感的培养，使其能够认识到自己在社会中的角色与责任。社会责任感不仅仅是一个抽象的理念，它需要通过具体的教育和实践活动，使学生深入理解并在生活中付诸实践。在这一过程中，大学生不仅要关注社会中的不平等现象，还要关注环境保护、公共事务等方面的问题，通过实际的参与，提升社会责任感，成为对社会有贡献的公民。

首先，社会责任感教育要求学生关注社会不平等现象，并激发他们的社会责任意识。社会中存在着贫富差距、教育资源不均、医疗保障差异等多种不平等现象，这些问题不仅影响了社会的和谐与稳定，也考验着每个公民的责任感。在德育教育中，学生需要认识到作为社会成员，他们不仅仅是社会资源的接受者，更应成为推动社会公平正义的力量。通过课程内容的设计和社会实践活动，学生能够了解到社会不平等的根源，并思考如何通过合法途径改变现状，促进社会的公正与平等。学校可以通过举办专题讲座、座谈会等形式，邀请社会学者、公益组织代表等与学生分享解决社会不平等的实践经验，鼓励学生参与志愿者活动，关注社会中的弱势群体，帮助他们为社会公平发声，树立起正确的社会责任感。

其次，社会责任感教育还包括对环境保护的倡导。随着环保意识的逐渐增强，环境问题已成为全球关注的焦点。学生作为未来社会的建设者和领袖，对环境保护的认识和行动将直接影响到地球的未来。在德育课程中，培养学生的环保意识至关重要。通过讲解全球环境变化的趋势、资源过度消耗的危害以及环境污染的严重后果，学生能够更深入地理解保护环境的重要性。此外，学校可以通过组织学生参与环保活动，如垃圾分类、植树造林、节能减排等志愿服务项目，让学生将环保理念转化为具体行动，培养其为保护环境、维护生态平衡而努力的责任感。例如，学生可以参与社区的环境清理活动或开展环保宣传活动，亲身体验环境保护的实际意义。这些实践活动不仅能够增强学生的环保意识，还能够提高他们的社会参与感和责任担当。

再次，社会责任感教育还要鼓励学生积极参与公共事务。一个负责任的公民，应该在社会生活中积极参与并承担起自己的责任。无论是通过投身社会服务、参与社区建设，还是通过投身公益事业，大学生都有机会在实践中提高自己的社会责任感。在德育协同教学中，学校可以通过组织社会调研、志愿服务等实践活动，帮助学生深入了解社会中的各类公共事务，激发他们参与其中的兴趣与热情。例如，学生可以通过参与社区志愿服务、扶贫帮困等项目，直接与社会中的困难群体互动，了解他们的生活状况和需求，进而产生责任感，积极投入改善社会现状的行动中。通过这样的参与，学生不仅能够学会如何应对社会问题，还能真正体验到为社会做贡献的快乐与成就感。

此外，社会责任感教育不仅要让学生了解社会问题，还要帮助他们学会解决问题。通过社会实践和志愿服务，学生不仅能够增强社会责任感，还能提升自身的组织能力、沟通能力和团队协作能力。学校可以鼓励学生通过参与社会项目的策划和执行，提高他们的实践能力。比如，在进行社会调查时，学生可以深入基层，了解民众的需求和问题，在此过程中，他们能够学会如何分析和解决实际问题，如何组织和协调资源，如何通过集体力量推动社会的进步。这种通过实践解决社会问题的方式，不仅能够加深学生对社会责任的理解，还能帮助他们成长为具有行动力的社会公民。

总之，社会责任感教育是德育协同教学的重要组成部分，旨在帮助学生认识到自己在社会中的责任。通过关注社会不平等现象、倡导环境保护、鼓励参与公共事务等方面的教育，学生能够在思想上提升社会责任感，在行动上积极参与社会建设。通过实际的社会实践和志愿服务，学生能够更加深入地了解社会问题，提升其解决问题的能力，从而为社会的进步与发展贡献力量。

四、集体主义精神与合作能力培养

在德育协同教学中，集体主义精神的培养扮演着至关重要的角色。随着社会不断向前发展，合作与协作精神已成为个人和社会共同进步的关键因素。集体主义精神不仅是学生道德素养的重要组成部分，也是社会责任感和团队精神的根基。在高校的德育课程中，学生不仅需要学习如何与他人合作，还要在实践中体验集体主义精神的核心价值。通过小组合作、集体活动等形式，学生能够在团队中积极参与，体会集体合作的重要性，并在这一过程中形成对集体主义的认同。

首先，集体主义精神是现代社会中不可或缺的价值观之一。与个体主义不同，集体主义强调团体利益和社会责任的重要性，提倡个人服从集体，关注他人需求和社会的共同福祉。高校德育课程通过培养学生的集体主义精神，帮助他们树立正确的价值观，理解集体主义在当今社会中的积极作用。通过系统的教育和实践活动，学生可以深刻意识到集体主义不仅仅是一种道德规范，更是一种责任感的体现。在集体主义的框架下，学生学会如何在集体中承担责任、贡献自己的力量，并与他人共同努力，完成团队目标。这种精神不仅对学生的个人发展至关重要，也有助于社会整体和谐与进步。

其次，学生通过参与小组合作和集体活动，可以有效地培养合作能力。现代社会需要的人才不仅要具备扎实的专业知识，更要具有良好的合作能力。在大学，学生通过小组合作，不仅能够增进彼此之间的沟通与理解，还能提高团队协作的效率。在德育协同教学中，学生通过实际操作参与团队项目，学会在团队中发挥自己的作用，同时也学会如何与他人共同分工协作、解决问题。例如，在社会实践活动中，学生可能需要分组进行调研、策划活动或解决实际问题。每个成员根据自己的特长和兴趣分担不同的任务，最终实现团队目标。通过这种合作体验，学生能够提高自己的沟通能力、协调能力和领导能力，并在集体合作中增强团队精神，学会如何支持他人，如何在困难面前共同面对并解决问题。

集体主义精神的培养也意味着学生在集体框架下形成自己的价值认同。学生在与他人的互动中，会逐渐理解到集体利益高于个人利益，理解到为集体服务的重要性。在这一过程中，学生不仅锻炼了合作技能，还培养了自己的责任感。通过集体活动，学生能够学会如何放下个人偏见、包容他人，从而形成健康的集体文化和良好的团队氛围。例如，学校可以组织集体讨论、合作研究等活动，让学生在与他人的合作中理解集体的力量，感受到团队的凝聚力。这种价值认同的形成，不仅能够促进学生个人成长，也有助于提升集体的整体合作效率和社会适应能力。

此外，集体主义精神的培养还可以通过校园文化建设来实现。高校不仅要通过课堂教育传授集体主义的思想，还应通过各种文化活动，如文艺会演、体育赛事、志愿者服务等形式，创造更多的机会，让学生在活动中发挥团队合作精神。这些活动能够帮助学生在轻松愉快的氛围中体验集体主义的真正意义，增强集体的凝聚力与向心力。通过这些活动，学生能够培养对集体的归属感和责任感，进一步巩固集体主义精神的基础。

总之，集体主义精神与合作能力的培养是德育协同教学中的重要内容。通过小组合作和集体活动等形式，学生能够在实践中理解和体验团队合作的重要性，增强对集体主义的认同。高校通过加强对集体主义精神的培养，不仅能够帮助学生树立正确的价值观，还能够提升他们的社会责任感和团队协作能力，为学生未来在社会中的发展奠定坚实的基础。

五、心理健康与情感教育

在德育协同教学中，心理健康和情感教育作为不可忽视的重要内容，对学生的全面发展起着至关重要的作用。随着现代社会的快速发展，大学生面临巨大的心理压力。学业、就业、人际关系等方面的压力，往往让他们感到困惑、焦虑和无助。如何帮助学生调节情绪、应对压力、解决心理困扰，成了德育教育中的一项重要任务。心理健康教育不仅是为了帮助学生克服情感困扰，还能够在更深层次上促进学生的身心健康发展，从而为其未来的个人成长和社会适应打下坚实的基础。

首先，心理健康教育的核心在于帮助学生认识到心理健康与学业、生活和未来发展之间的紧密联系。现代大学生处于一个充满竞争和不确定性的时代，他们在追求学业成绩的同时，也面临对未来职业的迷茫、对人际关系的困扰以及对自我价值的质疑等多重心理挑战。心理健康教育通过帮助学生了解心理问题的普遍性与常见性，减轻其自我怀疑和孤立感。同时，心理健康教育能够帮助学生认识到情绪的波动和心理压力并不代表失败，而是一种常见的成长过程。通过讲解心理学的基本原理和调节情绪的技巧，学生可以学会如何管理压力，如何在面对困境时保持积极的心态，如何通过自我调节提高应对挑战的能力。

其次，情感教育也是德育协同教学中不可忽视的一部分。情感教育的核心是帮助学生树立健康、积极的情感态度，提升他们的情感管理能力。在大学生的成长过程中，情感问题往往是他们面临的主要挑战之一。无论是个人情感的困扰，还是与他人交往中产生的情感冲突，学生都可能经历各种情感波动。情感管理课程可以帮助学生更好地理解和调节自己的情感，从而提升他们的情感智商（EQ）。通过情感教育，学生可以学会如何识别和表达自己的情感，如何理解他人的情感需求，如何在复杂的人际关系中保持自我和理解他人，从而建立健康的人际关系和社会网络。

德育协同教学中，学校可以通过多种形式的心理辅导来帮助学生解决心理问题。例如，学校可以设立专门的心理辅导室，提供一对一的心理咨询服务，帮助学生解决学业压力、人际关系和情感困扰等问题。此外，学校还可以通过组织情感管理和心理健康讲座、开设心理健康课程等形式，为学生提供更多的心理支持和知识储备。这些课程不仅能够帮助学生识别和理解常见的心理困扰，还能教授他们如何运用心理学的理论和方法调节情绪、释放压力，促进身心健康。

另外，学校可以通过小组活动、团体心理辅导等形式，加强学生之间的互动和情感交流。通过这些互动，学生可以在集体中找到认同感与归属感，从而有效缓解心理压力和情感孤立感。比如，组织心理健康教育讲座、情感疏导小组等活动，能够为学生提供一个表达自己情感的渠道，同时也能让他们意识到自己并不孤单，许多学生在面临相似的情感问题时，可以通过彼此的支持和鼓励共同成长。

除了学校的系统性支持，家庭的关注与支持也是心理健康和情感教育的重要部分。家长应了解和支持学生的情感需求，帮助学生保持积极的心态和健康的情感状态。学校可以通过定期的家长会、亲子讲座等活动，增强家长对学生心理健康问题的关注，帮助家长提供更有效的情感支持和心理辅导。通过学校与家庭的共同合作，学生能够在更加稳定和积极的环境中成长，缓解其情感上的困扰，培养积极的心理素质。

总之，心理健康和情感教育是德育协同教学中至关重要的一部分。在学生的成长过程中，心理压力和情感困扰是他们必须面对的问题。通过系统的心理健康教育和情感管理课程，学生不仅能够学会如何调节自己的情绪，还能通过社会支持系统获得必要的帮助与引导。学校、家庭和社会的共同努力，可以帮助学生树立积极的心态、发展健康的情感管理能力，最终促进其身心健康发展，为其未来的个人和社会适应奠定坚实的基础。

第四章　高校德育协同教学的模式探索

在新时代背景下，随着社会环境的变化和高等教育改革的深入，高校德育工作面临新的机遇与挑战。传统的德育模式往往侧重于课堂教学，忽视了与学生实际生活和社会实践的紧密结合。因此，探索一种更加适应现代教育需求的德育协同教学模式，成为提升德育效果、培养德智体美劳全面发展的时代需求。协同教学模式，作为一种跨学科、跨领域的教育创新模式，强调教师、学生及社会各方的多方协作，旨在通过资源的整合与互动，形成全方位、多层次的教育协同体系。

第一节　课堂教学中的协同教学模式

一、协同教学模式的构建

（一）教师与学生之间的协同互动

在协同教学模式中，教师与学生之间的协同互动不仅是教学实施的基本形式，更是促进教学质量提升和学生能力发展的关键动力。在传统教学中，教师长期被视为知识的"拥有者"和"灌输者"，学生则被动接受知识内容，这种单向传输的教学方式在一定程度上削弱了学生的主体意识和探索精神。而协同教学则主张打破师生之间的权力壁垒，构建一种以学生为中心、师生共同参与的互动型教学关系。教师不再处于教学过程的"绝对中心"，而是转变为学习活动的组织者、引导者和学习资源的调动者，鼓励学生在教学中"动起来""说出来""想出来"。

在协同教学实践中，师生互动的质量直接决定着课堂的活力与教学的成效。教师需要通过创设问题情境、引导学生质疑、组织探究任务、鼓励小组合作等策略，激发学生主动建构知识的动机。例如，通过"问题导向式学习"（Problem-Based Learning，PBL），教师可以提出与学生生活密切相关的道德困境，引导学生从多角度思考并形成自己的价值判断。同时，通过小组研讨与角色扮演，学生在表达中形成观点，在倾听中完善思维，在协作中锻炼沟通与协调能力。

此外，教师在与学生互动过程中，还要学会倾听学生的声音，关注其思维过程与情感变化，及时给予正向反馈与建设性建议。教学中应注重"过程性评价"与"形成性反馈"，使学生在不断修正与反思中逐步完善认知结构与道德理解。通过持续互动，教师能够动态掌握学生—学习状态，灵活调整教学策略，做到"因需施教""因人而异"。

这种协同互动不应局限于课堂内部，还应拓展至课外学习空间，如开展社会调研、社区服务、线上讨论等活动，构建线上线下联动的协同学习网络。借助网络平台，教师可以组织专题研讨、德育案例分析、虚拟情景模拟等多样化教学活动，增强教学的开放性与互动性。总之，协同互动打破了教学的边界，构建了"共学、共思、共建、共评"的师生关系，为高校德育教学注入了持久活力。

（二）多学科交叉融合的教学方法

多学科交叉融合是当前协同教学模式中的一个重要发展方向，也是高校德育课程改革的战略重点。传统的学科教学常常以"学科本位"为导向，各学科之间相互独立，难以满足学生对综合性知识的需求。而在现实社会中，道德问题往往具有高度的复杂性和跨学科性质，单一视角难以提供全面、深入的分析框架。因此，德育教学若想实现"知—情—意—行"整合育人目标，必须引入多学科的融合路径，从而拓展教学内容、丰富知识结构、深化道德认知。

在高校德育教学中，哲学与伦理学为课程提供了价值判断的基础理论，社会学则有助于学生理解道德行为的社会背景与文化结构，心理学能够剖析个体道德决策的心理机制，而政治学、法学、历史学等也可作为德育讨论的重要支撑。例如，在探讨"网络暴力"这一主题时，教师可引导学生从心理学角度分析施暴者的行为动因，从法律角度思考责任归属与制度约束，从伦理学层面讨论网络自由与他人尊严的边界。这种多维分析不仅加深了学生对德育问题的理解，也培养了其批判性思维和综合判断能力。

多学科交叉的实施还需依托跨学科课程设计与教学团队合作。在教学实践中，教师可以组成"跨学科教学团队"，共同开发主题式、项目式课程。例如，在"责任与担当"课程模块中，德育教师可联合环境科学教师共同指导"校园绿色行动"项目，让学生在生态伦理与环境政策的交会点上进行社会调研、制定可行方案并实施。此类跨学科项目既提升了学生的动手能力和社会参与意识，也打破了理论与现实、课堂与生活之间的壁垒。

此外，信息技术的发展也为多学科融合提供了技术支撑。借助教学平台和智能系统，教师可以整合多领域课程资源，实现跨学科知识的关联展示与个性化推荐。通过数字工具，如思维导图、概念图、主题地图等，学生能够在学习过程中构建知识间的联系网络，形成更为系统和动态的认知结构。

更进一步，德育的多学科融合还体现在育人理念的更新上。德育不再是"单点施力"的价值灌输，而是成为综合素质教育的重要载体。它承载着培养学生人格品质、批判精神、公共意识和全球视野等多重育人目标，成为现代高等教育"以人为本"理念的体现。因此，高校在推进协同教学改革过程中，应持续推进课程整合、教师协作、资源共建，以多学科交叉融合为抓手，提升德育课程的生命力和育人功能。

二、课堂教学协同的实施策略

（一）小组合作学习与集体讨论

小组合作学习与集体讨论作为协同教学模式的重要实施路径，是构建"以学生为中心"教学理念的核心载体。它打破了传统教学中以教师为单一知识源的封闭结构，通过学习共同体的构建，激发学生的主体意识，提升课堂的互动性与生成性。在协同教学中，小组合作不仅是知识交流的渠道，更是学生构建认知、形成观点和培养合作精神的重要平台。

在实际教学中，小组合作学习需要教师科学设计和精心组织。教师可依据教学目标、学习任务和学生的性格特征、能力水平等要素，灵活划分学习小组，避免"强强组合"或"弱弱结合"造成资源不均。合理配置异质性成员有助于促进优势互补，让学生在互相学习中提升团队协作和共同进步的意识。每位组员可被赋予明确的责任与角色，如记录员、汇报员、协调员、质询员等，确保每个学生都能在合作中"有责、有位、有为"。

而集体讨论则强调更大范围的交流与碰撞，是拓展学生思维广度与深度的重要方式。教师在集体讨论中的角色，应从"中心讲授者"转变为"讨论引导者"，通过抛出具有挑战性的问题、设定开放式主题、引导学生围绕核心问题进行论辩与探讨，激发学生的批判性思维与多维分析能力。例如，在德育课程中，围绕"个体自由与社会责任的边界"展开集体讨论，不仅可以锤炼学生的逻辑表达能力，还能引导其在价值冲突中学会权衡利弊，提升道德判断力。

更进一步，小组合作与集体讨论的有效结合，可构建"组内深入交流—班级共享汇报—教师引导提升"的教学闭环。学生在此过程中既能锻炼小组协同能力,又能拓宽思维视野,最终实现从"被动接受"向"主动建构"的深度转变。

(二) 案例教学与情景模拟

案例教学与情景模拟作为协同教学模式下的重要教学策略,以其"以事载理、以境启思"的特点,在提升学生道德认知和实际应用能力方面发挥着不可替代的作用。它们不仅打破了传统德育教学中理论与实践脱节的弊端,更通过问题导向和角色参与的方式,使学生深度参与到道德判断与社会决策的过程中,构建起"知—情—意—行"的完整育人路径。

在案例教学中,教师应精选具有代表性和现实意义的案例,涵盖历史事件、社会现实、校园热点等多元内容。案例可分为"经典型"和"生成型",前者如历史人物抉择(如南丁格尔、林肯、马丁·路德·金的道德行为),后者则来自学生身边的真实问题(如校园欺凌、网络暴力、考试作弊等)。通过案例分析,学生不仅能够学习道德理论的实际应用,还能够在真实或拟真的语境中锤炼其价值判断力、问题解决力与社会责任感。案例分析通常包括问题识别、价值冲突探讨、立场表达、决策建议等环节,使学生在参与中逐步过渡为"德育问题的主人"。

情景模拟则进一步将学习者带入"体验式教育"的层面,强调通过设定复杂且具有张力的情境,引导学生"置身其中",进行角色扮演、互动协商与行为抉择。在教学设计中,教师可构建特定社会或道德情境,如灾难援助、环境保护、社区治理等,学生则以不同社会角色的身份参与到事件发展与问题解决中。这不仅考验学生的代入感与同理心,还促进其社会情境理解能力和协作能力。例如,在模拟"社会救助分配会议"中,学生需以公务员、弱势群体代表、媒体记者等角色参与讨论,并据此提出合理方案。这种过程不仅增强了学生的公共意识,还在实践中实现了理论知识的转化与升华。

(三) 学生自主学习与教师引导并重

协同教学模式强调学生的主动参与和多元互动,而"学生自主学习与教师引导并重"正是这一模式得以落地与深化的核心保障。现代教育理论普遍认为,真正的学习应以学习者为中心,激发其内在动机,使其成为学习过程的主导者。但与此同时,教师的专业引导与策略支持仍然是不可替代的,尤其在知识建构的初始阶段、概念理解的关键节点及学习策略的选择过程中,教师的引领作用尤为关键。

学生的自主学习不仅仅是"自由学习",而是有计划、有目标、有反馈的

"自我驱动学习"。教师应创造条件支持学生开展自我学习，如通过提供结构化的学习任务、推荐多元化的学习资源、构建学习共同体支持系统等，帮助学生形成系统性学习路径。例如，教师可设计"自主探究专题任务"，要求学生根据自身兴趣选择德育相关议题，如"网络舆论与道德责任""大学生诚信体系建设"等，借助资料搜索、调研访谈、问卷设计等方式独立开展学习，并最终以论文或展示形式呈现成果。

与此同时，教师在学生自主学习过程中的角色是"支持者""促进者""调控者"。他们需要在学生遇到认知困难或迷失方向时及时介入，提供适度的"支架支持"，如提出关键问题、搭建分析框架、纠正思维偏差等。更重要的是，教师还需通过学习日志、阶段反馈、小组讨论等方式掌握学生学习过程中的思维路径与情感变化，及时调整教学资源与策略，实现"动态引导与个性化支持"的深度融合。

在此基础上，构建"自学—指导—反馈—改进"的循环机制，将进一步增强学生的元认知能力与自我调控能力，提升其学习的自主性、持续性与创造性。最终实现从"被动学习者"向"学习的主人"的角色转变，形成可持续发展的学习能力和道德成长能力。

总之，学生自主学习与教师引导并重的教学策略，是协同教学模式的关键之一。通过充分发挥学生的主体作用，同时结合教师的有效引导，能够实现学生知识的自主建构和能力的全面提升。这种平衡的教学策略，有助于培养学生的创新思维、解决问题的能力以及自主学习的习惯，从而促进其全面发展。

三、课堂教学协同的效果与挑战

（一）提升学生德育素养的效果分析

课堂教学中采用协同教学模式，不仅突破了传统灌输式德育教育的局限，更为学生德育素养的全面提升提供了扎实的路径与多维的实践平台。通过教师与学生之间的双向互动、小组合作学习、案例分析、情景模拟及自主探究等多样化的教学方式，学生不仅获得了知识层面的丰富，更在价值层面实现了对道德认知的深化、情感态度的积极引导以及行为规范的内在建构。

首先，从集体协作的角度看，协同教学有效地促进了对学生集体主义精神和社会责任感的培育。在传统教学中，学生多以个体形式参与学习任务，较少有机会进行深度交流与合作。而协同教学则将小组合作和集体讨论作为基本教学结构，要求学生在面对共同任务时分工协作、互相配合。在这一过程中，学生不仅学习到如何协调不同意见、如何为集体目标而努力，还在潜移默化中理解了责任、尊重、包容等核心道德价值。这种合作情境模拟出社会生活的真实面貌，使学生在实践中体验到作为社会成员的义务与责任，有效推动了道德意识从认知层面的"知道"，走向行为层面的"做到"。

其次，案例教学和情景模拟在增强学生德育判断能力方面具有显著优势。相比于抽象的理论讲授，这些策略通过构建真实或拟真的道德情境，使学生"置身其中"，在角色代入与情感参与中完成道德认知的深化与内化。教师可以借助社会热点事件、法律伦理案例或历史人物的抉择故事，引导学生剖析事件背后的价值冲突，并思考"应该如何选择""为什么这样选择"以及"选择的后果如何"。这种教学过程不仅锻炼了学生分析问题、解决问题的能力，更激发了他们的道德同理心与责任担当意识。尤其是在面对价值困境和道德模糊地带时，情景模拟提供了一个低风险、高参与度的"试错空间"，帮助学生在反复的判断与讨论中不断完善自身的道德判断力与价值系统。

再次，自主学习在协同教学中承担着提升学生德育素养的重要任务。在协同教学环境中，教师不再只是知识的传递者，还是学生探索之旅的引路人。教师通过提供开放性任务、引导性问题和个性化资源，激发学生围绕道德议题进行主动学习和深度探究。这种学习方式尊重学生的个体差异，允许学生根据自身兴趣与优势进行知识路径的选择，增强了其内在学习动机。在这一过程中，学生不仅逐步掌握了自主学习和信息获取的技能，也在不断地反思和修正中构建了稳定的价值判断标准和道德自律能力。例如，一些高校德育课程会布置"社会观察日志"或"公民实践报告"，学生需要通过独立调研和反思性写作，对身边的道德现象作出分析与评价，这不仅提升了他们的社会敏感性，也强化了理论联系实际的能力。

此外，协同教学所营造的包容性学习氛围，对学生道德情感的培育和德育素养的个体化成长也起到了积极作用。在合作学习和互动交流中，学生不断接触到多元的观点与立场，学会尊重差异、理解他人，这种基于多元互动的德育环境，有助于打破道德认知的单一性和片面性，推动学生形成更开放、更包容、更理性的社会价值观。这种以学生为中心、以问题为导向、以合作为基础的教学机制，有力促进了学生在情感、态度和价值观等方面的主动构建，真正体现了"润物无声"的德育效果。

总体而言，协同教学模式在提升学生德育素养方面具有系统性、层次性和实践性等优势。它通过将道德教育嵌入具体的教学实践中，实现了"教—学—评—用"的有机整合，使德育教育从单一的道德说教走向"情境—参与—体验—反思"的全过程育人路径。从教学反馈来看，接受协同教学的学生普遍在道德认知能力、自我管理能力、集体协作意识以及社会责任感等方面表现优异，不仅能在课堂中进行深入的道德讨论，也能在日常生活中自觉践行道德行为，展现出更强的公民意识与行为自律能力。

因此，在未来的教育实践中，应进一步优化协同教学策略，强化多维互动机制，丰富实践育人平台，为学生德育素养的持续提升提供更加科学、高效、系统的支持路径，实现真正意义上的"以德育人、以德促智、以德润心"的教育目标。

（二）面临的主要挑战与解决思路

尽管协同教学模式在提升高校学生德育素养方面展现出强大的育人效能，但在具体实践中，其推广与实施仍面临多重挑战与结构性难题。这些问题既反映出教育资源配置、教师专业素养、学生学习能力等方面的现实短板，也暴露出协同教学理念与现有教学机制之间的磨合阻力。因此，深入分析当前所面临的问题，并探索切实可行的应对策略，对于协同教学的优化与德育质量的提升具有重要现实意义。

首先，教学资源的短缺与配置不均是制约协同教学深化开展的基础性障碍。协同教学需要教师借助案例、情境、项目、小组活动等多种形式展开教学，进而对教学硬件、内容资源、人员配备等提出了更高要求。然而，在部分高校，尤其是地方性本科高校或资源薄弱地区的院校，教育财政投入有限，教师编制紧张、教学空间不足、教育信息化建设滞后，严重制约了协同教学模式的实践空间。例如，缺乏多功能互动教室限制了分组讨论和角色扮演的实施，教学材料单一难以支撑跨学科融合需求，技术平台不完善降低了师生协作效率。资源瓶颈不仅影响教学内容的多样化，还直接制约了教学质量的提升。

其次，教师角色的转变与教学方法创新面临巨大挑战。协同教学的实施对教师的综合素养提出了复合型要求，即不仅须具备扎实的学科知识储备，还须掌握教育技术应用、教学设计能力、课堂管理技巧、情境引导能力以及协同引导意识。但现实中，一些教师受限于传统"讲授型"教学习惯，在教学过程中往往更注重知识灌输，忽视了学生参与、实践与反思等环节。一方面，部分教师对于小组合作、情景模拟等策略存在陌生感甚至抵触情绪；另一方面，即便有改进意愿，但由于缺乏系统培训和有效支持，其教学组织能力与实施效果也难以达到协同教学的标准。此外，在应对学生差异化、突发性课堂问题方面，部分教师经验不足，对教学节奏把控不当，也使协同教学的课堂结构出现"形式化"倾向。

再次，学生参与度不足与自主学习能力欠缺，同样成为制约协同教学实效的关键问题。在协同教学中，学生应转变为学习的主体，积极参与到知识构建、价值判断与问题解决的全过程中。然而，不少学生受应试教育背景影响，仍习惯于被动接受知识，对以合作、探究、表达为特征的协同学习感到不适应。此外，学生个体之间在学习能力、沟通技巧、情感投入等方面存在显著差异，导致在小组活动中常出现"搭便车"行为或参与不均现象，影响团队合作效果。特别是在德育课程中，面对复杂的社会道德议题或角色冲突情境，一些学生缺乏批判性思维和伦理推理能力，导致无法深入参与讨论，更难以形成有效的道德判断与行为指导。

针对上述问题，需从系统机制、师资建设、学生发展等多个维度协同发力，以破解困境、提升质量。

第一，加强政策支持与资源配置，夯实协同教学的环境基础。高校应在教学改革和育人体系中为协同教学提供制度化保障，加大财政支持与项目建设投入，优化教室功能配置，完善教学信息化平台，构建丰富的教学资源库和案例共享平台。此外，应鼓励跨院系协作、资源共建，推动学科交叉与校际交流，为协同教学模式提供广阔的发展空间。

第二，强化教师培训与专业发展，推动教育角色认知与教学能力双提升。教师是协同教学的关键引导者，其能力水平决定了教学质量。高校应设立专门的教学发展中心，定期开展协同教学工作坊、教学观摩、行动研究等形式多样的培训活动，引导教师深入理解协同教学理念与方法，提升课堂组织、问题设计、情境引导、学生评价等实践技能。同时，应重视教师教学成果评价与职业发展联动机制，激励教师积极投身教学改革，形成"愿教、能教、善教"的教师队伍。

第三，激发学生内驱力与参与意识，提升自主学习与合作能力。针对学生在协同教学中参与不足的问题，教师应注重学习动机的激发与认知情境的创设。通过设定有趣、富有挑战性的任务情境，提高学生的参与意愿；通过角色扮演、项目合作等活动，激发其责任意识与集体荣誉感。同时构建"参与—反馈—激励—反思"的教学闭环，引导学生在参与中反思、在反思中进步。高校也可通过开设"学习能力发展课程"或"学习策略指导课程"，增强学生的学习自主性与元认知水平，为其在协同学习环境中取得更好表现打下基础。

总之，尽管协同教学在实践中存在诸多挑战，但这些问题并非不可克服。只要高校能够高度重视系统设计与机制保障，持续推进师资培训和课程改革，并积极引导学生参与成长，协同教学模式将在高校德育教育中展现出更大的育人潜力与创新价值，实现从"教学创新"走向"育人变革"的目标。

第二节 课外实践中的协同教学模式

一、课外实践协同教学的意义

（一）实践教学在德育中的作用

实践教学在德育中具有重要的作用，它通过将学生从抽象的理论知识引导到具体的实践活动中，帮助学生在真实情境中体会道德原则、价值观和社会责任感。德育的最终目标是培养学生良好的道德素养和社会责任感，而实践教学正是实现这一目标的重要途径。与传统的课堂教学不同，实践教学强调通过对实际操作和真实社会情境的体验，帮助学生形成实际的道德判断能力与行为规范，从而增强其道德意识和行为自觉。

在实践教学中，学生通过参与社会服务、志愿活动、实习实训等形式，能够接触到社会中存在的各种道德问题和伦理困境。这些实践活动使学生能够感知社会的多样性与复杂性，理解道德抉择在现实生活中的应用。例如，学生参与到志愿者服务活动中，帮助弱势群体，这不仅让他们在奉献与关爱中体会到社会责任，也促使他们思考人与人之间的关系、社会正义等道德命题。在此过程中，学生不仅锻炼了自己的沟通能力和团队合作能力，还逐步培养了社会责任感，增强了他们应对复杂社会问题的能力。

同时，实践教学有助于学生在情境中将所学的道德理论付诸实践。通过将课堂上学到的知识应用到社会实践中，学生能更好地理解和内化这些道德原则，使其成为内心的道德规范，从而为今后的社会生活和职业生涯奠定坚实的道德基础。实践教学不仅促进了学生知识与能力的综合发展，还提高了学生的社会适应能力，使其能够在未来的社会中成为具有高度社会责任感的公民。

（二）课外实践与课堂教学的互补性

在高校德育教育体系中，课堂教学与课外实践之间的有机衔接构成了完整德育育人的"双翼结构"。二者在育人目标、教学形式、情感触达、价值塑造等方面各具优势，互为补充，协同推进学生德育素养的全面发展。课堂提供系统知识与理论支撑，课外实践则创造真实情境与行为体验。两者相辅相成，共同构建"知—情—意—行"一体化的德育教育路径。

首先，课堂教学是学生德育发展的理论起点。通过系统的课程设计和知识讲解，学生得以掌握道德规范、伦理准则和社会主义核心价值观的基本内涵。例如，马克思主义伦理观、公民道德建设纲要、社会主义核心价值体系等，都通过课堂教学得到科学阐释和传播。这种以知识为基础的教学形式，有助于学生构建理性道德认知体系，形成初步的价值判断能力与是非观念。然而，理论学习的抽象性和普遍性决定了其情境局限性，难以触及学生真实的情感体验和行为决策过程，导致部分学生"知而不行""知行脱节"。

此时，课外实践则成为连接认知与行为、理念与行动之间的桥梁。实践是检验道德认知的场所，也是促成情感认同和意志内化的重要手段。通过如社区志愿服务、红色研学、环保公益、心理援助、社会调查等课外实践活动，学生不仅有机会将课堂学到的道德理念付诸行动，更能在实践过程中遭遇真实的道德冲突、角色抉择与社会互动，进而在体验中实现道德认同的深化。例如，一名学生在参与养老院服务的过程中，可能会对"尊老爱老"这一抽象原则产生更深刻的情感共鸣，进而将之转化为具体的行为规范。

其次，课外实践不仅是一种"道德行为训练"，更是促进学生个体道德情感发展的关键环节。德育目标的达成不仅仅依赖于理性认知，更依赖于个体情感与意志的内在投入。学生在真实情境中所经历的困惑、共情、感动、选择，都是其道德成长的重要资源。例如，在一次"关爱孤独症儿童"的志愿活动中，学生通过观察、陪伴与互动，能够切身体会到"同理心"的伦理力量。这种通过"身临其境"的方式所获得的情感体验，远比课堂中的文本描述更具教育穿透力和持久影响力。

再次，课外实践还具有因材施教、个性发展和能力提升的独特价值。德育不应是同质化的价值灌输，而应体现出尊重差异与个性成长的教育原则。通过多样化的实践平台，学生可以依据自己的兴趣、特长和职业规划，选择符合自身发展路径的德育实践内容。例如，对环境议题感兴趣的学生可以参与生态志愿服务，对社会问题敏感的学生可以参与民生调研项目，对公共事务感兴趣的学生则可参与模拟政协、学生会治理等。这种基于选择的参与机制，不仅增强了学生的自主性和参与热情，也有效促进了"道德情感—社会责任—能力建构"的综合性发展目标。

为了更好地实现课堂与实践的整合，还需在教育机制上实现协同对接。一方面，教师应在课堂教学中适当引入实践案例，开展问题导向型教学，引导学生将所学理论与社会现象联系起来；另一方面，学校应构建"德育实践课程化"体系，将课外德育活动纳入课程体系，予以规范管理及学分认定，从制度层面强化实践育人的功能。此外，德育教师可与辅导员、社团指导老师、社会组织共同构建校内外联动的协同德育网络，实现资源共用、平台共享、目标共育。

最后，在评价体系方面，也应建立覆盖"理论学习—实践参与—反思提升"全过程的多元德育评价机制。通过过程性记录、反思性报告、小组展示、社会反馈等方式，全面评估学生在德育课程中的认知成长、情感投入与行为转变。这样不仅有助于学生建立"知行合一"的道德行为模式，也为教师优化教学设计、推动课程改革提供了真实的数据支撑。

综上所述，课外实践与课堂教学的互补性，不仅拓展了德育教育的深度与广度，也促进了德育内容与形式的统一、理论与行为的统一、知识传授与人格培养的统一。这种双重路径的协同育人模式，拓展了德育的边界与内涵，有力推动高校从"重知识"向"重价值""重能力""重责任"的全人教育目标迈进。未来，随着高校德育体系的不断完善，课堂与实践的融合将成为构建高质量教育体系的重要支撑，为培养德智体美劳全面发展的社会主义建设者和接班人提供坚实基础。

二、课外实践协同教学的形式

（一）社会实践与志愿服务活动

社会实践与志愿服务活动是高校课外德育协同教学的核心内容，它们为学生提供了直接参与社会、服务他人，使德育教育从抽象理念走向生动实践。从"育人"逻辑出发，这类活动在德育中扮演着情感唤醒、责任内化与行为引导的多重角色，有效弥补了课堂教学在情境体验与道德实践方面的不足。

在社会实践活动中，学生通过深入基层、走进社区、走向乡村，面对真实社会问题，从而提升其社会认知与公民意识。例如，在参与扶贫帮困、教育支教、农村调研等项目过程中，学生会接触到诸如城乡发展不平衡、教育资源匮乏、弱势群体生活困难等问题，这些鲜活的社会现实比书本知识更具冲击力，能够唤起学生对公平正义、责任担当等核心道德价值的情感认同。与此同时，学生在实践中学习如何与人沟通、如何解决实际问题，从而将道德判断转化为道德行动，使"知""情""意""行"四位一体的德育目标真正落地。

志愿服务活动作为社会实践的延伸和深化，更加强调学生的自我驱动与服务意识。在无偿奉献中，学生学会了关注他人、关心社会，形成利他主义精神和公共责任感。例如，参与大型公益募捐、自然保护、孤老关爱、青少年心理辅导等志愿活动，不仅有助于塑造学生的良好人格，还促使他们不断反思自我在社会中的角色和价值，进而实现自我超越。通过这些经历，学生逐步将道德信仰由"他律"转向"自律"，由"知识理解"转向"价值践行"。

此外，高校应通过校地共建、校企合作、校社联动等机制，将社会资源有效整合进德育实践中，构建多元开放的德育平台。通过设计长期可持续的实践课程体系，赋予社会实践与志愿服务以制度化、课程化、项目化的内涵，使其真正成为高校"三全育人"体系中不可或缺的重要一环。

（二）校园文化活动与德育相结合

校园文化活动作为高校精神文明建设的重要载体，具有内容多样、形式活泼、参与面广等特点，是德育教育润物细无声的重要场域。在文化活动中融入德育元素，不仅能够增强德育的吸引力和感染力，还能激发学生的情感共鸣与道德思辨，实现德育内容从"被动灌输"向"主动认同"的转化。

在日常教学之外，文艺晚会、艺术节、体育赛事、学术论坛、主题团日、红色教育活动等形式多样的校园文化活动，为学生提供了广阔的表达空间和实践平台。例如，在组织纪念国家重大历史事件的合唱比赛中，学生通过参与歌曲的选取、排练、演出等过程，体悟国家精神，增强家国情怀与集体荣誉感；又如在举办"诚信考试周""文明宿舍评比"等活动中，引导学生自觉践行诚实守信、遵纪守法等基本道德规范，营造良好的校园道德生态。

更重要的是，校园文化活动为学生提供了一个表达思想、探讨价值、锤炼品格的空间。主题辩论赛、演讲比赛、模拟法庭、学生剧社等活动，借助学生关注的社会热点、伦理议题，将道德问题置于讨论和碰撞之中，使学生在表达中反思，在倾听中理解，在冲突中成长。例如，在围绕"网络言论自由是否应设限"这一主题展开辩论时，学生需综合运用法律、伦理、社会等多学科知识，形成多元视角和理性判断，提升其道德思辨力和公民意识。

因此，高校应进一步强化校园文化育人机制，将德育理念内嵌于活动设计之中，确保每一次文化活动都成为学生品格养成、人格塑造和价值引导的教育契机。通过制度激励、平台支持、师生共创等方式，使校园文化活动从"课外活动"上升为"第二课堂"，成为推动高校德育工作内涵式发展的重要路径。

（三）实地调研与团队协作

实地调研是高校德育课外协同教学中极具价值的教育形式之一。它通过引导学生走出课堂、深入社会，以调查研究的方式直面真实问题，在获取第一手资料的同时，形成自主思考、批判分析和价值判断的能力。与传统意义上的"社会调查"不同，实地调研更加强调从德育视角出发，对社会问题进行道德审视与伦理探讨，从而实现学生认知结构与价值结构的双重建构。

在具体实施过程中，学生往往以小组为单位，围绕某一社会焦点问题展开调研设计、外出考察、访谈调查、数据分析并形成结论。例如，在进行"城乡教育资源差距"的调研中，学生需实地走访城乡学校、采访教师和学生、查阅统计数据等，并结合课堂上所学的教育公平、社会正义等伦理概念，形成问题分析和方案建议。这种全过程式的学习活动，不仅锤炼了学生的问题意识和研究能力，更激发其对社会问题的道德关切。

团队协作是实地调研不可分割的组成部分。调研活动中的分工协作、任务协调、角色转换，都是团队能力建设的实际体现。在这一过程中，学生必须学习如何倾听他人观点、有效沟通与协商、在分歧中寻找共识，从而培养包容性与协同意识。此外，小组成员还需共同应对调研中可能遇到的现实挑战，如受访者沟通障碍、数据不一致、时间安排冲突等，这些经历都是对学生责任感、组织能力与应变能力的有力锻炼。

值得注意的是，实地调研的最大价值不在于"得出结论"，而在于"形成立场"。通过与社会现实的"零距离接触"，学生会对人类生存状态、社会制度运行和公民道德困境形成真实感知，进而增强自身的社会责任感与历史使命感。因此，高校应积极推动实地调研项目与通识课程、专业课程、德育课程深度融合，构建跨课程、跨学科、跨场域的协同育人平台。

总的来说，实地调研与团队协作作为课外实践的重要形式，能够有效促进学生综合素质的提升，增强其社会责任感和道德修养，同时培养他们的团队协作能力和问题解决能力。通过与社会的直接接触，学生能够更好地理解社会问题和道德挑战，从而在实践中实现德育教育的目标。

三、课外实践协同教学的实施路径

（一）学校与社会组织的合作

学校与社会组织的合作是课外实践协同教学的关键实施路径之一。社会组织通过其广泛的社会资源、经验和社会责任感，为学校提供了更多的实践平台和机会。学校与社会组织的合作不仅能够弥补学校资源的不足，还能为学生提供丰富的实践活动，帮助学生更好地将理论知识与实际社会问题结合，从而提升学生的社会责任感和道德素养。

社会组织通常包括非政府组织（NGO）、公益机构、社会服务中心等，这些组织在许多领域有着深厚的积累和影响力。学校可以与这些组织建立合作关系，共同设计并开展社会服务项目或实践活动。例如，学校可以联合公益组织开展环保宣传、扶贫助学、支教等项目，这些活动能够让学生在帮助他人和服务社会的过程中，进一步理解社会责任和道德义务。通过这些社会实践活动，学生不仅能够增长实践经验，锻炼团队合作能力，还能够提高社会洞察力和道德判断力。

此外，社会组织还能够为学生提供更接近社会实际的工作场景。通过实习、志愿者服务、项目合作等形式，学生能够更好地了解社会问题，并学会如何在复杂的社会环境中进行有效的道德决策。这种与社会组织的合作形式，能够打破学校与社会之间的壁垒，使学生在更广阔的实践舞台上展现自我、学习成长，并将课堂上学到的道德理论与实践经验有效结合，形成更为全面的德育素养。

（二）学生个体与集体的互动

课外实践协同教学的另一重要路径是学生个体与集体的互动。学生个体的成长离不开集体的支持和协作，而集体则为学生提供了多样化的学习和发展的平台。通过集体活动，学生能够互相交流思想、碰撞观点，提升合作和沟通能力，同时也能够通过与他人的互动，激发个人的社会责任感和道德意识。

在课外实践中，学生的个体与集体的互动主要体现在小组合作、集体讨论、志愿活动等形式中。在小组合作学习中，学生们需要共同完成任务，分工合作，分享各自的见解和经验，这不仅能够帮助他们更好地理解和掌握所学的知识，也能够增强集体意识和责任感。尤其是在涉及社会服务或公益项目的实践活动中，学生们往往会在集体中扮演不同的角色，通过合作和协调完成任务，这种互动使得学生更加深刻地理解集体主义和协作精神，培养了他们的团队协作能力和社会责任感。

集体讨论则是学生思想碰撞的另一个重要途径。在课外实践中，学生在面对复杂的社会问题时，通过集体讨论，能够更好地分析问题、提出解决方案，并在讨论中激发出更多的思考和创意。例如，在参与社区服务或公益活动时，学生们可以围绕项目的实施方案进行集体讨论，通过多角度分析和探讨，最终提出更加完善的方案。这种互动不仅提升了学生的批判性思维和问题解决能力，还帮助他们在合作中更加理解他人的观点，培养宽容和尊重他人的态度。

（三）实践项目的选题与设计

实践项目的选题与设计是课外实践协同教学中至关重要的一步。合适的实践项目不仅能够激发学生的兴趣，增强他们的参与感，还能够帮助学生在实践过程中更加有效地学习和成长。在实践项目的设计过程中,学校应根据学生的实际需求、学科特点以及社会的实际需求,精心挑选项目内容,确保项目既具挑战性,又能发挥学生的优势和特长。

首先,实践项目的选题应紧密结合德育教育的目标。在设计项目时,学校可以根据社会热点问题、道德教育的主题以及学生的兴趣,选择具有社会意义和教育价值的课题。例如,环保问题、贫困地区的教育支持、青少年心理健康等,都可以作为实践项目的选题。这些项目不仅有助于学生了解社会现状,还能激发他们对社会问题的关注和思考,提升其社会责任感和道德责任感。

其次,实践项目的设计需要注重多样性和实践性。不同的学生有不同的兴趣和专长,学校在设计项目时,要考虑到学生的多样性,确保每个学生都能在项目中找到适合自己的角色和任务。例如,某些学生可能更擅长组织策划,而有些学生则更适合从事实际操作工作,学校应根据这些特点进行合理的任务分配,促进学生在各自的角色中发挥特长。与此同时,实践项目的设计还需要注重与社会实际的紧密结合。项目的设计不应停留在理论上,而要力求接地气,贴近学生和社会实际,让学生在项目中能够体验到真正的社会问题,感受到实践的价值和意义。

最后,实践项目的设计要鼓励学生的创新精神和团队合作。通过项目的设计,学生不仅能够锻炼自己的专业能力,还能在团队协作中,提升沟通能力、领导力和问题解决能力。在项目实施的过程中,学生需要共同面对困难和挑战,通过团队协作寻找解决方案,在实践中提升综合素质,为将来步入社会打下坚实的基础。

总之,实践项目的选题与设计在课外实践协同教学中占据了核心地位。通过精心设计的实践项目,学生能够在实践中获得成长和进步,从而提升德育素养,增强社会责任感,同时培养团队合作能力和创新思维,为个人的全面发展打下基础。

四、课外实践协同教学的效果与挑战

(一) 德育效果的实证分析

课外实践协同教学作为高校德育教育的重要实施路径,正逐渐从"形式参与"向"效果导向"转变,而其实效性的核心判断标准,正是对学生道德素养提升的真实影响。从近年来多所高校的教学研究与跟踪调查数据来看,基于社会实践、志愿服务、校园文化等多元形式构建的课外协同教学体系,已在增强学生德育感知力、行为自律力和社会适应力等方面展现出明显成效。

首先，学生的社会责任感与道德认同感显著增强。部分高校德育研究中心对"社会实践参与前后学生德育素养变化"的调研数据显示，有超过78%的学生在参与公益项目后表示更愿意主动参与社区事务和社会服务；其中，近65%的学生在问卷调查中承认，他们对"公平、正义、环保、教育机会平等"等议题的关注度显著提升。这一现象反映出，在亲身接触社会问题、目睹现实不平等现象后，学生的社会同理心与道德认知得到了极大激发，从而使原本抽象的道德理念转化为具体的责任意识。例如，某高校组织学生赴西部地区开展为期一个月的支教活动，在项目结束后的学生回访访谈中，80%以上的学生表示"更理解什么是真正的教育公平"，有大量学生主动申请继续参与下一轮志愿服务。这些事实说明，德育实践不仅带来了认知层面的觉醒，更推动了行动层面的延续与深化。

其次，协同教学推动了理论与行为的统一，促进学生价值体系的内化建构。课堂中的德育理念往往停留在认知与逻辑推理层面，而课外实践则为学生提供了"将理念转化为行动"的场域。在志愿服务、实地调研、校园活动组织等过程中，学生通过实践体验到道德行为的代价、意义与回报。例如，一名学生在参与心理辅导志愿项目后表示，"在与受访者的对话中，我真正理解了'尊重他人'不仅是道德口号，更是具体而深刻的行动"。

从团队合作的角度看，课外实践还有效提升了学生的集体主义精神、合作能力与道德反思能力。研究显示，参与调研类实践项目的学生，在项目结束后其团队协作满意度提升12%以上，且在处理人际关系中的耐心、包容性、责任感均较未参与实践的对照组学生显著提高。由此可见，协同实践不仅锻炼了学生的沟通协调能力，也通过"在集体中学会为他人负责"的过程，潜移默化地提升了学生的道德自觉性和群体归属感。

总体来看，课外实践协同教学已逐渐突破"辅助教学"的边缘地位，成为高校德育体系中的"核心支柱"之一。它不仅使学生从"知道道德"向"相信道德、践行道德"转变，还为学生形成稳定的价值体系与社会行为习惯提供了深层支撑，提升了德育教育的现实穿透力与未来导向性。

（二）持续性与深度性问题的解决策略

尽管课外实践协同教学展现出广阔的发展前景和积极的育人价值，但其在实际操作中仍面临"持续性弱、深度不够"的结构性困境。这两个问题直接关系到学生德育转化的长期效能与行为稳定性，亦是当前德育改革亟须破解的核心问题。

1. 从制度机制入手，构建"常态化—层级化—积分化"路径

持续性问题的本质，在于实践活动"形式多、周期短、后续少"，导致学生道德意识"热度高却退得快"。解决此问题的关键在于将课外实践从"临时性项目"上升为"长期性制度工程"。

首先，学校应建立课外实践课程化机制，将志愿服务、社会调研、项目设计等纳入通识课程或专业教育模块，设计连贯的"基础—进阶—拓展"式实践课程体系，提升参与的制度保障与结构连贯性。例如，大一阶段开设"志愿入门"，大二开展"社会观察报告"，大三进入"专项项目设计与执行"，实现德育实践从广度到深度的逐步拓展。

其次，推行志愿积分制度与"学分+评优"挂钩机制，设立"德育实践成长档案"，通过数据化记录学生参与轨迹，使学生在看到成果积累的同时感受到成长实感，从而激发持久动力。同时，可引入"志愿认证""社会服务徽章"等荣誉机制，为学生日后就业、升学提供有力支撑，真正实现"实践既有意义，也有价值"。

2. 从教学环节入手，强化"反思引导—个性指导—项目优化"三重策略

课外实践的深度不足，主要表现在学生"走马观花式"参与、"任务导向式"完成，未能深入探究问题实质，也缺乏对自身道德成长的反思与整合。因此，在教学组织与育人过程设计中，需引入更多"内省性教育"元素。

首先，强化反思性教学机制。实践后应组织专题讨论、导师访谈、撰写"德育反思日志"或"成长报告"，鼓励学生记录情感、表达体验、分析困惑、生成立场。研究发现，通过书写反思日志的学生，对"参与活动意义"的认识深度提高20%以上，并能更准确地表达个人道德认知的变化轨迹。

其次，实施分层次、差异化的个性化指导。教师应根据学生的性格特征、兴趣方向、认知水平，引导其在实践中寻找真正的"内在共鸣点"，提升自我觉察力与价值内化力。例如，对于对公共事务感兴趣的学生，可引导其参与社区治理实践；对于关注心理健康的学生，可安排其参与青少年心理援助项目，使实践活动与个人志趣实现高度对接，从而实现"情境教育"向"生命教育"的过渡。

再次，不断优化项目设计，提升实践深度与时代关联性。高校应注重将德育实践与社会热点议题深度融合，如数字伦理、人工智能与隐私、绿色发展与生态责任、青年与社会参与等，通过问题导向式实践项目，使学生在解决真实问题中实现思想碰撞与道德升华。

总的来说，课外实践协同教学虽然在德育教育中取得了显著的效果，但其持

续性与深度性问题依然存在。加强活动规划与制度保障、注重学生的反思与总结、个性化教育与引导等方式，可以有效地解决这些问题，确保德育教育的长期性与深入性。这将有助于学生在德育教育中形成更为扎实的道德素养和社会责任感，进而推动学生成为具有社会责任和道德担当的公民。

第三节　校内外资源整合的协同教学模式

一、校内外资源整合的概念与重要性

（一）校内资源的类型

校内资源在高校教育体系中扮演着基础性、支撑性和引领性的多重角色，是保障教育教学活动顺利进行和提升育人质量的关键因素。其配置的科学性、使用的有效性与开发的持续性，直接影响着学校的教学水平、科研能力及人才培养质量。从广义上看，校内资源涵盖人力资源、物资资源、信息资源和制度资源四大类，其中尤以师资力量、教学设备与平台建设三大要素最具代表性，其构成高校实施高质量教育的重要依托。

1. 师资力量：校内资源的核心与灵魂

在所有校内资源中，师资力量无疑是最具决定性的要素。教师不仅是知识的传递者，更是学生思想的塑造者、学习过程的引导者和德育育人的关键角色。在协同教学环境下，教师更需要具备多重角色意识，即从"授业者"转变为"协作者""组织者"和"研究者"。

高素质的教师队伍不仅要求教师具备扎实的学科专业基础，更应具备良好的教育情怀、教育智慧和创新能力。教师的教学理念、教学方法、课程设计能力、教育技术素养及与学生互动的能力，直接决定着教学活动的质量。特别是在德育协同教学中，教师需要能够将价值引导自然融入学科教学，具备引导学生开展实践、参与讨论、形成思辨的能力。

因此，高校应通过以下措施强化师资建设：一是建立系统化的教师培训机制，定期组织教学技能提升、信息技术培训、德育理念更新等专题研修；二是鼓励教师开展教学改革实验项目，参与跨学科教学团队，提升协同教学能力；三是完善教学评价与激励机制，鼓励教师在教学中探索新方法、应用新技术、承担育人责任，打造一支结构合理、能力复合、理念先进的教师队伍。

2. 教学设备：现代教学的物质保障

教学设备作为校内资源的重要组成部分，是推动课堂教学方式转型，促进教学内容可视化、实践化、交互化的关键依托。随着高等教育进入信息化、智能化、融合化发展阶段，传统教学设备已无法满足多样化、个性化的教学需求。现代高校在教学设施配置上，需注重硬件设备与软件资源的协调发展。

多媒体教室、智慧黑板、VR/AR 实验设备、虚拟仿真实验平台、电子阅览室等，是当前高校教学设备现代化建设的重要方向。这些设施不仅提升了课堂的交互性和趣味性，也为学生提供了更广阔的学习视野。例如，在理工类学科中，通过 3D 模拟和虚拟实验平台，学生可以在安全、可控的环境下进行复杂操作，降低实验风险，提高教学效率；在人文学科中，数字化档案馆、历史模拟系统等工具有助于学生深入理解文化背景与道德抉择。

此外，学校还应加强实验实训中心、公共实验平台、教学用软件资源库等建设，打通专业实践与综合素质培养的通道，增强教学的实效性与实践性，为学生提供沉浸式学习体验和多样化知识探究空间。

3. 平台建设：信息时代的学习支撑系统

在数字化转型背景下，教学平台成为高校教育资源配置的新高地。它不仅承担课程管理、资源分发、学习跟踪等基本功能，更在个性化学习、数据分析、协同教学等方面发挥着核心作用。一个功能完备、设计合理的教学平台，能够有效弥补时间与空间的限制，推动教学从以"课堂为中心"走向以"学习者为中心"。

目前高校普遍搭建的教学平台包括课程管理系统（如超星学生通、雨课堂、中国大学 MOOC）、学习资源平台（如智慧树）、学生评估平台（如思政测评系统、成长档案系统）等。这些平台支持在线学习、课程录播、资料下载、在线考试、学习追踪、互动答疑等功能，极大地便利了师生的教学活动。尤其是在协同教学中，平台为项目式学习、小组任务管理、在线讨论、资源协作提供了强有力的技术支持。

为了更好地发挥教学平台的育人功能，学校应注重以下几个方面的建设：一是实现教学平台与学工平台、科研系统的互联互通，形成统一的信息化育人系统；二是完善平台的数据分析功能，通过学习行为数据对学生进行个性化学习支持与成长画像分析；三是优化平台的用户体验，增强交互性与可视化，激发学生线上学习的积极性和主动性。

综上所述，校内资源的类型涵盖从"人"（教师）的支撑到"物"（设备）

的保障再到"系统"（平台）的支持，三者互为补充、协同运行，构成了高校教育高质量发展的核心要素。在当前教育深度融合、教学模式转型的背景下，高校必须以"系统集成、功能优化、服务师生"为导向，统筹推进校内资源的整合与升级，释放教育资源的最大潜力。唯有如此，才能为学生创造更优质、更开放、更公平的学习环境，全面提升人才培养的水平和德育协同教学的实施质量。

（二）校外资源的类型

在现代高等教育体系中，校外资源不仅是课堂教学的重要延伸，更是实现协同育人、深化德育教育、提升人才综合素质的关键外部支撑。与校内资源侧重于知识传授和能力培养不同，校外资源强调"社会真实情境"的融入，为学生提供面向现实、立足社会、贴近行业的多维度成长平台。它包括但不限于社会资源、企业资源、公益组织、行业协会、非政府机构等多种类型，这些资源通过与高校的深度合作，为教育教学提供了资金支持、平台支撑和价值引导三大功能。

1. 社会资源：助力多元化教育场景的搭建

社会资源是指包括地方政府机构、社区组织、公共文化单位、科研院所、媒体平台等社会主体，能够为高校提供政策支持、文化资源、教育项目和社会实践平台。这些资源扩展了高校教育的外部边界，提升了教学活动的开放性和综合性。例如，学校可与政府相关部门合作开展"大学生社区服务计划"，将学生派驻到街道办、乡村振兴办公室、公共事务中心等基层单位，参与政策宣传、民意调查、社会治理等实际事务，从而使学生在真实的社会系统中获得治理经验，树立公民责任感。同时，与博物馆、图书馆、科技馆等文化单位共建"教育基地"，能够将德育教育与人文精神、国家认同、历史记忆有机结合，增强学生的文化认同与家国情怀。此外，与媒体单位的合作也能助力学校打造融媒体教学模式，为学生搭建公共表达与思想传播的舞台。

2. 企业资源：推动实践教学与职业发展的对接

企业资源作为校外资源中与学生职业发展关联最紧密的一类，不仅是实习就业的主要载体，更是推动"产教融合""校企协同育人"的重要引擎。随着"以就业为导向"的教育理念不断深化，高校与企业的合作已不再局限于传统意义上的招聘输送，而是走向课程共建、项目共研、基地共用、资源共享的深层协同。例如，理工类高校可与科技型企业共建实验平台，开展企业命题课程和真实项目导向的实训环节，让学生在解决真实工程问题中锤炼综合能力；人文学科可与出版、传媒、文化创意等企业合作，开设行业实务课程，邀请企业高管担任兼职教师，提升学生的职业素养与行业洞察力。同时，企业还可通过设立奖学金、创新创业基金等形式，激发学生的科研与实践积极性，推动"产学研用"一体化育人机制的发展。此外，企业资源对德育教育的支持作用也日益显现。企业文化中蕴含的职业伦理、社会责任、可持续发展理念，若通过校企联合课程、企业参访、公益项目等形式传递给学生，不仅能增强学生对职业道德的理解，还能强化其作为未来劳动者和公民的责任担当。

3. 公益组织资源：强化社会关怀与道德引导

公益组织作为非营利社会力量，在引导大学生参与公共事务、提升社会责任感、培育公民意识等方面具有独特优势。它们在德育实践、社会服务、生命教育等领域有丰富的项目经验、实地网络和资源支撑，能够为高校提供贴近社会、充满人文关怀的教育平台。

通过与公益机构如慈善基金会、环保组织、青年志愿服务联盟等的合作，高校可以系统化地将学生组织、课程教学与社会公益组织深度对接。例如，与环保组织联合开展"绿色校园行动"，不仅可引导学生参与垃圾分类、节能改造、生态调研等实践活动，还能引发对"生态伦理""可持续发展""绿色公民"等价值主题的深入讨论；与儿童福利院、康复中心等合作开展"情感陪伴项目"，可促使学生在服务弱势群体中理解"尊重""平等""同理心"的道德内涵，实现道德情感的唤醒和人文关怀的沉淀。

更为重要的是，公益组织通常具备相对灵活的组织机制与专业化项目流程，能够为学生提供具有连贯性与挑战性的志愿服务项目，避免"一次性走马观花"的低效体验，真正实现从"被动参与"向"主动服务"的身份转变，从而拓展德育实践的深度与广度。

总之，校外资源的整合对高校教育的多样性、实践性和社会性至关重要。通过与社会资源、企业合作和公益组织的紧密合作，学校能够为学生提供更广泛的学习和实践平台，培养具有社会责任感和实践能力的综合型人才。这种资源整合，不仅丰富了学生的学习经历，还能够推动教育内容和方法的创新，促进学生全面发展。

二、校内外协同教学的模式构建

（一）校内各部门协作机制

在现代环境治理体系中，校内各职能部门之间的协作机制构成了教育资源有效配置、教学任务高效落实和人才培养目标全面实现的重要保障。教育的本质是系统工程，尤其是在以"协同育人"为核心理念的背景下，单一职能部门的孤立运作已难以支撑高质量教育目标的达成。唯有打破部门壁垒，推动校内教学、科研、管理、服务等各系统之间的有机协同，才能实现资源整合最大化、教学体系最优化和育人效果最大化。

首先，教学与科研的深度融合是高校内部门协作的战略支点。长期以来，教学与科研常被视为两条平行线，而协同育人的理念要求将科研成果主动融入教学设计，提升课程的时代性与前沿性。例如，理工类教师可将科研课题的核心成果转化为教学案例、实验模块，增强学生的研究导向意识和动手实践能力；文科教师则可引导学生参与课题调研、社会观察，增强其批判性思维与理论联系实际的能力。学校教务处与科研处应建立联合机制，推动科研团队与教学团队的交流协作，共建科研型课程、开设专题讲座、设立学生科研助理岗位，实现"教—学—研"三位一体的教学生态。

其次，教学支持系统间的横向协同同样关键。学生事务部门、教务部门、图书信息中心、心理健康教育中心及后勤保障部门等，虽然职能各异，但在服务学生成长、保障教学运行上具有高度关联性。例如，教务部门在制订课程计划时应同步征询学生事务部门的学生发展规划建议，以实现课程与学生综合素养提升的一致性；在组织大型教学实践活动时，教务处需与后勤处协调场地安排、交通工具、生活保障等事宜，确保教学活动有序推进。此外，心理健康教育中心也可与各院系教学部门协作，针对学业压力大的学生群体开展学业辅导与情绪疏导"双重干预"，从而构建以"学业+心理+服务"为支撑的全员育人格局。

再次，校内协作机制还应延伸至制度层面。高校可建立"部门联席会议"制度，定期召集各职能部门负责人研讨教学运行中的重点问题和协同难点，形成问题共识和资源共享机制。通过设置"协同育人专项基金"或"跨部门合作激励机制"，鼓励各部门主动联合开展协同教学项目、育人服务方案、学生支持计划等，实现部门间"工作任务联动、数据资源联通、育人目标联结"的高效协作。

因此，校内各部门协作机制的构建，已不仅仅是教学组织管理的技术问题，而是一项关乎教育理念转型、育人模式升级和学校治理能力提升的系统工程。唯有形成机制化、流程化、规范化的部门协同体系，才能保障教育各环节协调运行，真正实现以学生为中心的教育生态。

（二）校外社会资源的引入与互动

在教育全球化与社会转型加速的背景下，教育边界日益开放，学校不再是封闭的知识堡垒，而是一个与社会各界紧密互动、资源共享的开放系统。校外资源的引入与互动，已成为高校构建协同育人机制、提升德育实效、拓展学生综合能力培养路径的重要支撑力量。通过将社会多元主体引入教学体系，高校不仅获得了教学资源的外部支持，更为学生提供了接触社会、理解现实、服务公众的实践平台，实现了"教育在学校，成长在社会"的育人目标。

首先，企业资源的引入实现了教育内容与职业实践的深度对接。高校与企业的合作不仅是人才供需关系的体现，更是教育与产业协同创新的重要抓手。在协同教学模式中，企业资源能够为学生提供真实的职业情境和技术环境。例如，企业可联合高校开设"行业特色课程""产业实践工作坊"，由企业技术骨干和高校教师共同授课，实现知识与技术、理论与应用的双向融合；对于专业性强、技能要求高的学科，企业还可参与课程设计、毕业论文命题与项目评估等教学环节，实现产教深度融合。

此外，企业还可作为学生的"社会导师"平台，选派高级技术人员担任兼职教师或校外导师，辅导学生完成课题研究或职业发展规划。在德育层面，企业文化中关于诚信、责任、团队、敬业等职业伦理的内容，亦可成为高校德育教育的重要补充，使学生在职业认知中完成道德素养的构建。

其次，公益组织与社会服务机构的引入，为学生提供了道德体验和社会情感的深层滋养。不同于企业实践重在"职场适应"，公益实践更注重"价值认同"与"人格养成"。高校可与公益机构联合设立"社会服务课程"或"志愿服务学分制"，鼓励学生围绕扶贫助困、生态环保、教育平权、心理援助等主题开展系统化服务项目。在这些活动中，学生往往需要面对人类的苦难、社会的裂痕与资源的不均，从而激发其人文关怀与社会责任意识。

例如，与慈善机构合作开展"乡村儿童成长陪伴计划"，不仅使学生在陪伴中学会倾听与共情，还能引发其对"教育公平""社会正义"等议题的深入反思。这些实践活动正是将德育从抽象原则转化为情感体验、行为养成和价值信仰的重要环节。

最后，高校与地方政府、文化机构、行业协会等社会公共资源的对接，也极大拓宽了协同教学的外延。政府部门可提供政策研究课题、行政实践岗位等，文化机构可提供艺术鉴赏、历史教育资源，行业协会则可引导学生参与行业标准制定、产业研讨等活动，提升其宏观认知能力与专业使命感。

为提升校外资源引入的系统性与长效性，高校应探索建立"校外协同资源库""社会实践伙伴计划"等平台型机制，对资源进行分类整合、动态更新和项目匹配。同时，健全学生实习实训的全过程管理体系，加强风险控制、权益保护与过程评价，确保学生在校外实践中既有收获也有保障。

综上所述，校内外协同教学模式的构建离不开校内各部门的协调合作和校外社会资源的有效引入。通过校内各部门的协作，学校能够提升教学的系统性与全面性；通过校外社会资源的引入，学校能够拓宽学生的学习视野，提升其社会适应能力。校内外协同教学，不仅促进了教学质量的提高，也为学生的全面发展提供了更为广阔的平台。

三、校内外资源协同的实施路径

（一）校企合作与社会实践基地建设

在高校"产教融合、协同育人"战略深入推进的背景下，校企合作已不仅是职业导向型院校的改革实践，更是综合性高校构建高质量教育体系的重要抓手。校企合作与社会实践基地的建设，不仅扩展了教育的时空边界，还为学生提供了"理论—实践—创新"一体化的成长路径。

校企合作的最大价值在于打通了教育链与产业链之间的"最后一公里"。学校可通过与行业领军企业、区域龙头企业或新兴创新型企业开展深层次合作，将企业的真实项目、技术平台、管理理念和行业标准引入课堂教学、实训环节和毕业设计等教学全过程，强化学生的专业能力与就业适应性。例如，在人工智能、大数据、金融科技、新能源等领域，学校可与相关企业共建"企业微专业""产业学院"或"协同创新实验室"，将专业教育嵌入产业生态，实现课程内容与岗位需求对接，教学目标与行业标准融合。

社会实践基地的系统建设，是推动协同教学成果落地的关键平台。通过基地的实体化、制度化运作，学生不仅可以实现稳定、系统、长期的实践锻炼，还能在真实情境中锤炼解决问题的能力。实践基地的类型可涵盖生产型（如制造车间）、研发型（如创新实验室）、服务型（如社会服务中心）与管理型（如行政实习岗）等多元形态，充分满足不同专业与层次学生的实践需求。基地应建立"校内指导教师+企业导师"双导师制，并设立实习评估体系、反馈机制和成果转化通道，保障学生在实践中有学、有做、有评、有成。

此外，校企合作不应局限于学生层面，更应延伸到教师发展与课程建设之中。企业可为教师提供挂职锻炼、企业研修、项目联合申报等合作方式，帮助教师提升产业理解力与应用能力，从而带动课程内容与教学方法的持续更新。

总之，校企合作与社会实践基地建设是协同教育生态中最具实效性的支点，它既强化了学生职业准备与实践能力，也推动了教育体系的开放化、动态化与创新化，为高校育人体系注入了源源不断的现实动力。

（二）网络平台与线下活动相结合

随着信息技术和教育理念的同步迭代，构建"线上+线下"融合的混合式教学体系已成为高校教育现代化发展的重要方向。在协同育人背景下，网络平台与线下活动的结合，不仅拓展了教育教学的手段与空间，也极大地丰富了德育、实践教学与跨学科学习的实施路径。

网络平台的引入，为教育教学提供了信息化、智能化的强大支撑。高校可通过自主研发或引进的教学管理系统（如超星学习通、雨课堂、中国大学MOOC）搭建课程资源库，实现对教学内容的可视化、交互化与数据化管理。平台功能可涵盖课程管理、视频教学、在线测评、作业提交、学习轨迹跟踪等多个模块，实现对学生学习全过程的精准支持和实时反馈。

而线下活动，则是实现知识内化、能力锤炼与价值升华的重要场域。无论是实验实训、社会调研、服务学习、创新创业竞赛，还是校园文化节、志愿服务活动等，线下实践都为学生提供了理论联系实际的真实情境。在这一过程中，学生可以将在线学习中掌握的知识运用到问题解决中，形成"学以致用—以用促学"的正向循环。

关键在于，线上平台与线下活动的有机融合不应是形式叠加，而应构建任务驱动、情境创设、反思引导的教学闭环。例如，在进行"社区发展与公共管理"课程时，学生可在线学习政策法规与案例分析模块，完成知识储备后，再进入线下社区开展问卷调研与策划执行，通过平台提交实践报告与反思日志，教师再据此进行线上反馈与引导。这样的流程整合，既发挥了线上教学的灵活性与多样性，也保障了线下活动的深度与真实感。

此外，网络平台还可成为学生"德育数字成长档案"的记录载体，涵盖其志愿服务、社会实践、课程学习、主题讨论等全方位参与信息，便于教育管理者进行系统评价与指导，实现"数字技术+价值引导"的协同育人新模式。

（三）跨校区、跨区域的协同合作

在高等教育资源趋于集聚化与区域差异化并存的当下，跨校区、跨区域的协同合作逐渐成为破解教育资源配置不均、提升教育系统整体效能的重要策略。高校通过与其他校区、地区高校及研究机构建立长期稳定的协同机制，不仅实现了资源互补和优势互享，更推动了教育理念与育人模式的协同创新。

跨校区协作通常发生于具有多校区布局的高校内部体系中。通过信息化手段和一体化管理平台，不同校区可实现课程互选、师资共享、学生活动联办。例如，主校区可将核心课程通过线上方式输送至分校区，分校区则可开放其特色课程、实验平台或实训资源供其他校区共享，增强学生的学习选择权与教育获得感。同时，可建立统一的学籍管理系统与数据平台，实现对教务、学工、后勤等环节的统筹调度，保障教育管理的协同性与高效性。

跨区域协同合作则更具开放性与战略性。高校可依托国家"双一流"建设、"中西部高校基础能力提升计划"或地方"高校联盟"机制，打破地理、制度和资源壁垒，与区域内外高校建立跨校合作网络。例如，东部沿海高校可与中西部高校共建"协同育人实验基地""乡村教育实践站"，实现学术交流、课程共建、学生互访、教师互派等深层次合作；国际化高校还可与境外高校开展联合培养、学分互认、线上线下联合课程等，推动全球视野和本土责任并重的教育格局形成。

跨区域合作不仅优化了资源配置，更提升了教育多样性与包容性，使学生在跨文化、跨背景、跨专业的融合中，增强开放意识、沟通能力与多元理解力。这对于培养面向未来的全球化复合型人才具有极其重要的战略意义。

校企合作与实践基地建设、网络平台与线下活动结合、跨校区与跨区域的协同合作，三者从"资源开发—教学实施—结构协同"三个维度系统回应了高校在新时代背景下构建高质量协同育人体系的实践需求。它不仅体现了教育模式从"封闭型"向"开放型"、从"单向灌输"向"多元共育"的深刻转变，也为实现"以学生为中心"的教育目标提供了坚实支撑。

四、校内外协同教学的效果与挑战

（一）跨界整合视域下的德育效能提升

在校内外协同教学体系中，提升德育实效的关键路径之一，正是通过对跨界资源的深度整合，实现德育内容与社会实践、学科知识与现实情境的有机融合。相较于传统德育侧重课堂灌输、忽视生活体验的问题，跨界整合以实践为导向、以融合为手段，为学生提供了多元且真实的道德教育场域，促使其在"知—情—意行"的统一中深化道德认知、内化价值理念。

首先，跨界整合强化了课堂教学与社会实践的联动机制。高校通过与企业、社区、公益组织等外部机构建立合作关系，系统构建起覆盖志愿服务、社会调研、岗位实习等形式的实践平台，使学生能够走出课堂、面向社会，在真实情境中直面伦理冲突与道德抉择。例如，在参与扶贫、环保、公益传播等项目过程中，学生不仅需思考"应该做什么"，更需判断"如何做得更好"，进而在角色扮演、任务执行中提升道德判断力与责任担当意识。特别是企业合作中的德育实践，如职业道德培训、职场伦理研讨、项目协作体验，能够帮助学生理解行业规则、团队价值与社会规范，从而将抽象的德育理念具体化、可感化。

其次，跨界整合推动了德育内容的跨学科融合。道德教育不再是政治课或思想课的专属内容，而是一项涵盖哲学思辨、心理机制、社会结构等多重维度的复合型任务。高校可依托通识课程体系，将伦理学、社会学、心理学、教育学等学科知识融入德育教学之中，引导学生从不同角度审视道德问题。例如，通过伦理学理解责任的本体论意义，通过社会学分析制度与规范的建构机制，通过心理学解读个体道德行为背后的认知过程与情感因素。这种多学科视野的拓展，能有效突破传统德育"单一灌输"的局限，使学生形成更为全面、深刻和理性的道德理解与自我定位。

更为重要的是，跨界整合在组织机制与教育理念上的深入融合，使德育教育从"理论讲授"转向"价值共建"。校内教师与校外导师协同育人，专业教育与人文素养交互推进，使学生在跨界合作中建立起个体行为与社会责任的清晰联系，在团队协作中体会共情、尊重与公平的伦理价值，进而真正实现从"知道道德"到"愿意道德""能够道德"的育人转化。

综上所述，跨界整合作为推动高校德育深层变革的路径，不仅优化了育人内容和形式，更重构了育人逻辑与方法。通过资源联动、场景重构与学科融合，高校能够为学生提供更真实、更深入、更具启发性的德育体验，进而培育出具有健全人格、社会责任和公共精神的新时代公民。

（二）持续资源投入与管理问题

虽然校内外协同教学在提升教育质量、促进学生综合素养、拓展实践路径等方面取得了积极成效，但其长期推进过程中仍面临诸多现实挑战，尤其是在资源持续投入与系统管理方面的问题日益突出。协同教学作为一种跨部门、跨领域、跨平台的教育机制，具有系统性强、链条长、参与主体多的特点，这对高校的资源配置能力与组织管理水平提出了更高要求。

1. 资源投入的持续性挑战

校内外协同教学对资金、人力、空间、技术等多种资源提出了更高标准。首先，资金保障是协同教学持续开展的基本前提。实践基地建设、校企合作运营、社会实践项目组织、师资培训与平台维护等，都需要持续而稳定的财政投入。一旦资金不足，不仅会导致相关教学环节无法顺利实施，还可能出现"项目断层"

与"形式主义"等问题,严重影响教学质量和学生体验。

尤其在社会实践类课程、企业联合课程和跨区域交流项目中,交通、住宿、保险、材料等成本居高不下,仅依靠高校单方面投入远远不足。对此,高校应积极拓宽经费来源渠道:一方面争取政府专项资金与地方财政支持,纳入"协同育人创新计划""高校社会服务功能拓展"等项目;另一方面建立校企共建共管模式,引导企业参与经费投入和项目支持,同时鼓励校友基金、社会组织、公益平台等多元主体参与协同教学经费建设,形成可持续发展的"多元共筹机制"。

2. 资源管理的系统化问题

资源投入只是第一步,更关键的是资源的科学配置与高效管理。协同教学往往涉及教务处、科研处、学生工作处、合作企业、公益机构、地方政府等多个主体,其协同程度直接影响教学成效。然而在实际运行中,不同部门信息不通、职责交叉、缺乏统筹的现象依然普遍存在,导致资源浪费、项目重复建设、任务落实不到位等问题。

为解决此类问题,需构建制度化、信息化与流程化相结合的管理机制。具体而言:

(1)建立"协同教学工作领导小组"或专门的项目管理办公室,统筹各类资源调配、合作事务与教学活动;

(2)推行项目制管理和责任清单制度,明确各部门职责边界和工作内容,确保流程清晰、问责明确;

(3)搭建协同教学数据管理平台,实现信息公开、任务追踪、效果评估、资源共享一体化,提升管理效率与透明度;

(4)制定协同教学实施标准与质量评价体系,推动资源使用过程中的规范化与可持续化,防止"重投入轻管理""重启动轻运营"的短视行为。

3. 人力资源与参与度建设

除了物质资源与管理机制,协同教学的成功实施还离不开人力资源的持续投入与师生积极参与。其中,教师是关键变量。协同教学需要教师具备跨学科整合能力、实践课程设计能力与多元协作能力,这对传统教学经验型教师构成挑战。因此,高校应通过定期组织师资培训、实践基地研修、企业挂职锻炼等方式,系统提升教师队伍的适配性与专业素养。

学生的参与度和反馈同样是评估协同教学成效的重要指标。如果学生参与动力不足、体验感较差,教学活动的实际效果将大打折扣。对此,学校应注重学生需求导向,充分调研其兴趣与发展方向,设计更具吸引力与挑战性的协同项目;

同时，在教学环节中引入动态反馈机制，让学生在项目策划、过程实施和结果评价中都能发挥主体作用，激发其主动学习和自我管理意识。

此外，还应建立基于参与度和成果质量的学分转换机制、荣誉激励机制（如"协同学习优秀小组""社会实践之星"等），真正将学生从"被动参与者"转变为"主动建构者"，构建责任共担、成果共享的协同教学共同体。

综上所述，持续的资源投入和高效的管理机制是确保校内外协同教学成功实施的关键。学校需要不断投入资金、师资和实践平台，并通过有效的管理机制，协调各方资源，确保教学活动的顺利开展。此外，通过持续的评估和调整，学校能够在协同教学中更好地整合内外部资源，提升教学质量和学生的综合素质，推动教育目标的实现。

第五章　高校德育协同教学的课程改革实践

在当今高等教育改革的大背景下，德育作为培养学生全面发展的核心内容，已经被越来越多的高校纳入教育教学改革的重要议程中。然而，传统的德育模式多以课堂教学为主，缺乏与学生实际生活和社会实践的深度结合，导致学生德育素养的提升往往停留在表面。为此，如何突破传统的教学局限，将德育教育融入更加多元化、跨学科的教学体系中，成为当前高校德育改革的重要课题。

高校德育协同教学的课程改革实践，正是为了解决这一问题，提出将德育教育与学科课程、社会实践、校园文化等多方面资源进行整合，通过协同教学模式，提升学生的德育素养与综合能力。协同教学的核心在于课堂教学、课外活动和社会资源的有效结合，通过跨学科的融合、校内外的互动合作，为学生提供更多元的学习平台。这种改革不仅仅是教学模式的创新，更是对德育理念和实践的深入思考和提升。

第一节　高校思政课程的协同教学改革

一、思政课程的现状与问题

（一）传统思政课程存在的单一性与抽象性问题

传统思政课程在高校教育体系中扮演着重要的角色，旨在通过教学引导学生树立正确的世界观、人生观和价值观。然而，长期以来，思政课程在教学内容和教学方法上的单一性和抽象性问题，逐渐成为制约其教学效果的主要因素。

首先，传统思政课程的内容往往高度抽象，理论性较强，而缺乏与现实社会的紧密结合。课程的教学重点多集中在对马列主义、毛泽东思想、邓小平理论等理论的讲解上，虽然这些理论在构建社会主义核心价值体系方面具有重要意义，但缺乏与当下社会热点问题的结合，导致学生难以理解其实际应用和现实意义。例如，课程内容中大量的哲学思考和政治理论的分析，对于许多学生来说，过于抽象，难以形成具体的实践能力和社会责任感。

其次，传统思政课程的教学模式单一，主要依赖讲授式教学，教师多为知识的传递者，学生则处于相对被动的接受状态。这种单向传递的模式使得思政教育的互动性和参与感缺失，学生很难在课堂中主动思考和讨论。这种以"灌输"式为主的教学方式，不仅容易让学生产生学习疲劳，也无法激发学生的思维兴趣和对德育内容的深层理解。随着时代的进步和学生需求的变化，单一的教学方式已经不能满足学生对思政课程的学习需求，迫切需要改革和创新。

此外，思政课程的教学内容和方法也未能充分体现时代发展的需求。在全球化、信息化、市场化日益加深的背景下，学生面临的问题和思考的议题日趋复杂，传统的课程内容和教学方式未能及时调整和更新，导致学生在学习过程中难以找到与自己生活和未来职业密切相关的知识点和思考方式。这种脱节的现象，不仅限制了思政课程的吸引力，也降低了课程对学生的实际教育效果。

（二）学生对思政课程的参与度低，教学效果不显著

除了思政课程内容和教学方式的单一性和抽象性，学生对思政课程的低参与度也是当前课程面临的突出问题。尽管思政课程在高校教育体系中占据重要地位，但学生对该课程的兴趣普遍较低，参与度不高，导致其教学效果远未达到预期。

首先，思政课程的教学内容过于抽象和理论化，使得学生在学习时缺乏兴趣和动力。许多学生将思政课程视为"必修课程"，对其内容的实际应用缺乏深入的认知和理解。由于课程的理论性较强，学生往往难以将其与自身的日常生活和社会实践相联系，进而产生了对课程的疏离感。尽管思政课程试图培养学生的思想政治素质，但由于教学形式和内容的局限，学生无法深刻理解德育课程对自己人生道路的影响，参与度自然较低。

其次，思政课程在教学过程中普遍存在互动性不足的问题。传统的课堂教学模式依赖于教师单方面的讲解，缺乏足够的师生互动和生生互动，这使得学生在课堂上缺乏主动参与的机会。在这种单向的教学模式下，学生的思维和情感未能得到充分调动，往往只停留在知识的理解和记忆层面，缺乏对课程内容的思考和消化。因此，即使学生能够通过考试完成课程的学习，也难以在思想上产生深刻的共鸣和认同。

最后，学生对思政课程的参与度低，也与思政课程与实际生活的联系不紧密有关。学生往往无法在课堂上看到理论知识与社会现实的紧密结合，课程缺乏能够引发学生共鸣的实际案例和社会热点。当前，学生所面临的社会问题、道德困

境和心理挑战与传统思政课程的教学内容存在较大的差距，这使得学生在学习过程中无法产生足够的认同感和参与感。因此，思政课程未能有效地激发学生的兴趣，导致教学效果的显著性不足。

综上所述，传统思政课程的单一性与抽象性问题以及学生参与度低的现象，成为当前思政教育改革亟待解决的关键问题。要有效提升思政课程的教学效果，必须进行课程内容的创新和教学方法的改革，强化实践性和互动性，增强学生的参与感和实践能力，才能让思政教育在现代高等教育中发挥更大的作用。

二、协同教学在思政课程中的重要性

（一）多学科融合，增强思政课程的实践性与应用性

协同教学在思政课程中的重要性，首先体现在多学科融合上。传统的思政课程往往侧重于单一学科的教学，主要围绕政治理论、马克思主义哲学等内容进行讲解。这种单一的学科框架，使得思政课程在应用性和实践性方面有所局限。随着社会的发展，学生面临的道德困境和社会问题变得更加复杂，单一的政治理论知识已经无法满足学生全面发展的需求。因此，思政课程必须通过多学科的融合，拓宽其教学内容和教学方法，提高课程的实际应用价值。

多学科融合能够使思政课程更具实践性和应用性。通过与哲学、社会学、心理学、法律学等学科的结合，思政课程可以更加深入地探讨道德、伦理、社会责任等问题，提升学生的综合素质。例如，哲学中的伦理学理论可以帮助学生更好地理解道德判断和价值选择，而社会学和心理学则能够帮助学生分析社会行为和个体决策背后的深层次动机。通过对这些学科的引入，思政课程不仅能够停留在理论的高度，还能够与实际生活和社会实践紧密结合，帮助学生形成更为全面和具体的道德认知。

此外，多学科融合还能够为学生提供更多视角的思考。在思政课程中，学生不仅学习道德哲学的理论，还能够通过社会学分析社会现象，通过心理学理解个人行为的动机，通过法学知识了解法律对社会行为的规范。这样，学生能够从多角度看待道德问题，形成更具深度的思维方式和决策能力。通过与多学科的结合，思政课程能够更好地适应社会发展的需求，培养出能够面对复杂社会问题的全面人才。

（二）引入社会资源与实践基地，拓展思政教育的场域

协同教学的另一重要作用是在思政课程中引入社会资源和实践基地，拓展思

政教育的场域。思政课程不仅传授理论知识，更培养实践能力。通过将社会资源引入课堂，学生能够更好地理解社会现实、体验社会问题，从而提升道德判断能力和社会责任感。社会资源的引入使得思政教育不再局限于课堂理论的学习，而是扩展到社会实践和实际问题的解决上。

首先，社会资源的引入能够为思政课程提供更广泛的教育平台。学校可以通过与政府、企业、社会组织等的合作，为学生提供更多的社会实践机会。例如，通过与企业合作，学生可以参与到公司社会责任项目、公益活动等，直接接触社会热点问题和道德挑战。在参与这些社会实践项目时，学生不仅能够应用课堂上学到的理论知识，还能够在实际工作中锤炼自己的社会责任感、集体主义精神和团队合作能力。通过这种方式，思政课程的教学内容与社会实践紧密结合，提升了课程的实用性和影响力。

其次，实践基地的建设是引入社会资源的重要形式。通过与社会实践基地的合作，学校能够为学生提供更为广阔的实践场所。在这些实践基地中，学生可以进行社会调查、社区服务、志愿者活动等，亲身参与到社会事务中，直面社会问题。这种实地调研和社会服务能够帮助学生更深入地理解社会不平等、贫困、环境保护等道德议题，同时提高他们的问题解决能力和实践能力。实践基地不仅是学生理论学习的延伸，也是学生道德思维和社会责任感培养的重要平台。

通过社会资源和实践基地的引入，思政课程能够在传统的课堂教学之外，拓展到更广阔的社会和实践领域。这种协同教学模式，不仅提升了学生对社会问题的理解能力，还增强了其社会适应能力和责任担当，帮助学生在未来的社会生活中成为更有责任感和使命感的公民。

总之，协同教学通过多学科的融合和社会资源的引入，不仅拓宽了思政课程的教学范围和实践平台，也使得课程更加贴近社会实际，增强了学生的实际应用能力和道德判断能力。这种教学模式将理论与实践相结合，不仅提升了思政课程的教学效果，也为学生的全面发展提供了强有力的支持。

三、协同教学改革的具体路径

（一）课堂教学与课外活动的结合，增强学生的参与感

协同教学改革的一个重要路径是将课堂教学与课外活动相结合，增强学生的参与感。传统的思政课程以理论讲授为主，学生的学习更多的是被动地接受知识，缺乏实际的参与和深层次的思考。而通过将课堂教学与课外活动紧密结合，能够让学生在实践中体验和应用所学知识，从而提升他们的德育素养与社会责

任感。

课外活动不仅能为学生提供更为广阔的学习平台，还能使思政课程的学习更加生动和富有实践性。例如，学校可以通过组织志愿服务、社会调研、公益活动等课外实践，帮助学生在社会服务和实际操作中深入理解道德原则和社会责任。在这些活动中，学生不仅可以运用课堂上所学的理论知识，还能通过与社会和他人的互动，反思和提升自身的道德水平。例如，参与扶贫助学项目时，学生能够在帮助他人、解决实际问题的过程中，感受到社会责任与道德责任的重要性，这种参与感远比单纯的课堂学习更具有深远影响。

此外，课外活动为学生提供了更为自主的学习机会。在这些活动中，学生能够根据个人兴趣选择参与的项目，通过团队合作和个人努力，体验到自我成长和社会贡献的双重满足。这不仅有助于增强学生的社会责任感，还能够激发他们的创新精神和集体主义精神。在此过程中，学生将更加积极地参与到思政教育中，进而促进德育教育的效果。

（二）学科交叉：与社会学、心理学、法学等课程的结合，丰富思政内容

学科交叉是协同教学改革的另一条重要路径。通过与社会学、心理学、法学等学科的结合，能够丰富思政课程的内容，使其更加贴近社会实际和学生的生活需求。传统的思政课程往往侧重于对政治理论和哲学的讲解，而缺乏对学生实际生活和社会现象的深入分析。通过跨学科的融合，思政课程能够突破传统的教学边界，结合更多学科的视角，提升课程的深度和应用性。

首先，社会学的引入可以帮助学生理解社会结构、社会问题和社会行为的背后动因。通过社会学的分析，学生可以更好地理解社会不平等、环境保护、贫困救助等现实问题，从而增强他们的社会责任感和参与感。思政课程可以通过案例分析、社会调查等形式，将社会学的基本理论和方法与道德教育相结合，引导学生深入探讨社会现象背后的道德问题。

其次，心理学的知识也能为思政课程的教学提供重要支持。心理学关注个体的行为动机和心理发展，能够帮助学生理解自己和他人在道德决策中的思考方式。通过引入心理学的理论，思政课程可以帮助学生认识到心理因素对道德判断和行为选择的影响，进一步提升他们的道德认知能力和自我反思能力。

法学课程的结合则可以加强学生的法律意识和社会规范意识。在法学的框架下，学生能够理解道德和法律的关系，以及法律对社会行为的规范作用。通过法学的知识，学生能够更好地理解国家法律对社会秩序和道德建设的促进作用，从

而增强他们的法治观念和社会责任感。

通过学科交叉，思政课程不仅能够提供更丰富的理论支持，还能使学生在多学科的知识体系中形成更加全面和系统的道德观念，为他们未来的社会生活提供更为坚实的理论基础。

（三）邀请三方参与讲座、沙龙，促进思政教学的社会性与现实性

为了进一步促进思政教学的社会性与现实性，邀请社会专家、知名企业家、公益组织等参与讲座、沙龙等活动，成为协同教学改革的重要路径之一。通过将社会专家和知名企业家等社会力量引入思政课程，不仅能提升课程的社会性和实践性，还能帮助学生更好地理解和应对社会现实中的道德问题和伦理困境。

社会专家和企业家拥有丰富的社会经验和实践知识，他们的亲身经历和实践案例能够为学生提供宝贵的学习资源。通过讲座和沙龙等形式，学生可以直接聆听社会专家对社会热点问题的解读，了解他们对道德决策、社会责任等问题的见解。这种直接的互动能够极大增强学生对思政课程内容的理解和认同，提高他们的社会责任感和道德素养。

例如，邀请从事社会公益事业的专家或公益组织负责人，能够帮助学生更好地理解社会问题和社会责任的内涵，激发他们的社会参与意识。在讲座中，专家们可以通过具体的案例和实践经验，向学生展示道德行为如何在现实中得到体现，帮助学生形成正确的社会价值观。同样，知名企业家分享企业社会责任的实践经验，可以帮助学生理解企业在社会中的道德义务，以及如何在商业活动中兼顾社会责任与经济效益。

这种社会专家和企业家等的参与，不仅拓宽了思政课程的教学视野，还让学生更直接地接触到现实社会中的道德挑战和伦理决策，帮助他们在实践中应用所学的理论知识，提高他们的实际操作能力和道德判断能力。通过这种方式，思政课程的教学内容得到了更深入的拓展和丰富，学生的德育素养也得到了显著提升。

总之，协同教学改革通过将课堂教学与课外活动相结合、学科交叉、社会资源引入等多种途径，能够有效提升思政课程的实践性、应用性和社会性。这不仅有助于学生更好地理解德育理念，还能够让学生在社会实践中形成正确的价值观和道德判断，为其未来的社会生活提供更为坚实的道德基础。

四、改革效果的评估与反馈

（一）基于学生反馈的教学调整

在高校德育协同教学的改革过程中，基于学生反馈进行教学调整是确保改革效果的关键环节之一。学生反馈能够反映出教学内容、教学方法、课堂氛围等方面的实际效果，从而为教师和学校提供有针对性的改进建议。通过对学生反馈的积极响应，教学质量得以不断提高，教育目标得以更有效地实现。

首先，学生反馈能够为教学调整提供实际依据。在传统的思政课程中，学生的学习兴趣和参与度常常不足，教学效果不显著。而通过开展课程反馈调查、课堂互动、学生座谈等形式，教师可以及时了解学生对课程内容的看法、他们在学习中遇到的困难以及对教学方法的评价。例如，学生可以通过反馈表格或在线问卷，向教师表达他们对课堂节奏、教学内容的理解和感兴趣程度，进而为教师在后续课程设计中提供调整方向。如果学生普遍反映课程内容过于抽象或理论性太强，教师可以适当调整课程设计，引入更多实际案例和社会热点问题，让学生能够更好地理解和消化课程内容。

其次，学生反馈还能够促进课堂互动和参与感的提升。在传统的教学模式中，学生的声音往往被忽视，教师一味地传授知识，忽略了学生的个体需求和思考。然而，通过加强学生反馈机制，教师能够更好地与学生互动，了解他们的学习需求和学习兴趣，从而在课堂上营造更加开放、互动的氛围。例如，教师可以根据学生的反馈信息设计小组讨论、角色扮演等互动活动，调动学生的积极性，提高他们的参与感和课堂表现。同时，学生的反馈也可以帮助教师调整教学进度和教学方法，确保教学活动能够更好地适应学生的学习进程和认知水平，提升课程的实际效果。

最后，学生反馈不仅有利于课程调整，还能促进教师的自我反思和教学质量改进。通过定期收集学生的反馈信息，教师能够发现自己在教学过程中的优点和不足，不断完善自身的教学策略，提升教学质量。这样的反馈和调整机制形成了一个良性循环，才能更好地推动教育教学不断创新和改进。

（二）社会实践环节的成效评估，学生德育素养提升的实证分析

社会实践环节是高校德育协同教学中至关重要的组成部分。通过将学生置身于社会实践环境中，学生能够在真实的社会情境中体验和应用所学的理论知识，促进德育教育的内化与实际应用。因此，评估社会实践环节的成效对于检验德育

教育改革的效果具有重要意义。

首先，社会实践环节的成效评估需要明确其在德育教学中的目标和任务。德育教育不仅仅是传递知识，更培养道德素养。在社会实践中，学生面临真实的社会问题和伦理抉择，通过解决这些问题，学生能够更深刻地理解社会责任、道德规范和集体主义精神。评估社会实践环节的成效，需要关注学生在实践中的表现，包括他们在实践过程中是否能够运用所学知识，是否能够展现出良好的道德判断和社会责任感。例如，参与扶贫助学、环保项目等社会实践活动时，学生是否能够在实践中展现出积极的社会责任感和道德担当，是否能够在团队合作中体现集体主义精神，等等，都是评估社会实践成效的重要标准。

其次，社会实践环节的评估还应从学生德育素养的提升角度进行实证分析。通过测量学生德育素养的前后变化，可以有效了解社会实践对学生德育发展的影响。例如，在实践活动前后，学生的社会责任感、道德判断力、团队合作能力等方面的变化可以通过问卷调查、访谈等方式进行量化评估。通过数据对比，教师能够分析社会实践环节对学生德育素养的具体提升效果，为后续的课程设计和教学策略的调整提供依据。

最后，评估学生德育素养提升的实证分析应注重对长期效果的观察。德育教育的影响是长期而持续的，而不仅仅局限于短期的实践活动。因此，学校应对参与过社会实践的学生进行长期跟踪调查，了解他们在实际生活和工作中的道德表现和社会责任感的持续发展。这种跟踪评估不仅能够验证社会实践的实际效果，还能为学校进一步优化德育教育的内容和方式提供宝贵的数据支持。

总的来说，社会实践环节的成效评估和德育素养的提升分析是确保德育教育改革持续有效的关键。通过实证分析，可以直观地看到社会实践对学生德育素养的提升效果，为教育改革提供指导，同时也能够确保学生在未来的社会生活中具备良好的道德判断能力和社会责任感。

第二节　通识教育课程中的德育协同教学

一、通识教育课程的功能与德育作用

（一）通识教育课程的核心目标

通识教育课程是高等教育体系中的基础课程体系，旨在培养学生的全面素质，推动其综合能力的提升。这类课程强调跨学科的学习，提供广泛的知识背景，以促进学生对社会、文化、科学和艺术等多方面的理解。通识教育的核心目标之一是培养学生的批判性思维、创造力、问题解决能力和跨学科的整合能力，这些能力不仅能帮助学生在学术领域取得成就，还能在日常生活和社会活动中发挥积极作用。

然而，通识教育课程不仅仅是知识的传授，还具有重要的德育作用。通过通识教育，学生不仅能获得专业学科的知识，还能更好地理解社会责任和个人道德。随着社会环境的变化，当代大学生面临的道德困境和社会问题日益复杂，因此通识教育课程，有责任通过培养学生的道德判断能力和社会责任感，帮助他们形成健全的价值观和人格。学生在通识课程的学习中，可以通过对伦理学、哲学、历史等课程的学习，思考个人与社会、权利与责任、道德与法律等问题，从而培养出更为完善的道德素养。

通过通识教育，学生能够接触到多样化的知识，并在此过程中培养宽广的视野和跨文化理解能力，进一步理解自己的角色和责任。这不仅仅是为了让学生成为知识的传递者，更是为了让他们在全球化、多元化的社会中成为负责任的公民，具备社会担当与道德自觉。在此基础上，通识教育课程能够帮助学生树立正确的世界观、人生观和价值观，引导他们为社会的发展作出积极贡献。

（二）通识教育课程中的德育整合问题

在现代高等教育体系中，通识教育被视为培养学生全面素质与健全人格的重要载体，其目标不仅限于传授基础知识和通用能力，更在于塑造学生的价值观、思维方式和社会责任感。然而，通识教育课程并非以德育为显性导向，其内容常常聚焦于文学、历史、哲学、自然科学等学科的基础知识或跨学科素养，这也导致德育内容的渗透面临边界模糊与实践困境。如何在通识课程中实现德育教育的"润物无声"，构建知识传授与价值引领的有机统一，成为高校德育创新与课程改革亟须破解的重要课题。

1. 从隐性渗透到系统融合

当前许多高校在推进通识教育过程中，往往更多关注"学科覆盖""知识普及"的广度，而忽视了"价值教育"的深度与系统性。要实现德育内容在通识课程中的有效整合，首先应在课程目标与内容设置阶段引入德育元素，构建"显性知识—隐性价值"双重目标体系。

一方面，通识课程应根据不同学科特点，挖掘其内在的德育资源。例如，在文学课程中引导学生思考人生意义与伦理情感；在自然科学课程中探讨科技与伦理、环境责任等议题；在信息技术课程中讨论人工智能与数据隐私的道德边界；在全球视野类课程中引发学生对多元文化、国际责任的认知与反思。这种课程内容的"价值再编织"，不仅提升了学生的道德认知层次，也增强了课程的现实关联度。

另一方面，学校可构建通识课程模块化体系，将伦理与价值相关主题设为"核心必修"或"专题选修"，如"当代道德议题""公民伦理与社会正义""生命伦理与人文关怀"等课程群组，实现课程体系的结构性整合。

2. 教师的德育意识与引导策略

教师作为通识课程教学的主体，其德育意识与教学行为直接影响德育整合的实效性。通识课程多由各专业教师兼任，其德育教学能力和理念的差异往往导致课堂育人效果参差不齐。

因此，高校应通过教师培训、教学工作坊、课程思政研讨等方式，引导通识课程教师树立育德育人的理念，提升其价值教育意识。例如，在课程教学设计中融入"价值导向型教学目标"，在授课过程中穿插案例分析、伦理讨论、社会热点问题的探讨，引导学生进行批判性思考和道德推理。同时，教师应学会利用情景模拟、角色扮演、问题导向学习等教学策略，将德育元素"沉浸式"地融入课堂，引发学生的情感共鸣与价值内省，使德育教育不止于"说理"，更转化为"体验"与"行动"。

此外，学校也可鼓励跨学科教学团队的建设，在通识课程中引入哲学、社会学、心理学等领域教师的共同参与，实现多学科教师在同一课堂中的协同授课，为德育内容提供更加多元而深刻的视角支持。

3. 课内外融合的德育实践路径

德育的内化不仅依赖于课堂教学的知识传授，更需要通过现实参与社会互动得以深化。因此，通识课程的德育渗透必须打破"课内孤岛"，构建"课程—活动—实践"一体化育人格局。

学校可以将通识课程与学生第二课堂、校园文化活动、志愿服务项目有机结合，如在"社会问题导论"课程中嵌入社区调研、"可持续发展"课程中设计环保志愿活动、"公民伦理"课程中组织模拟法庭或公民听证会，让学生在真实问题的解决中体验道德冲突，提升责任意识，增强公共参与能力。与此同时，应建立课程实践成果评价机制，将学生的实践参与、反思报告、行动计划等纳入课程成绩或德育评价体系，促进德育内容从"认知层面"走向"行为层面"。

4. 制度保障与教学文化营造

为了推动德育在通识课程中的深度融合，高校还需从制度与文化层面进行顶层设计与支持。应将"德育目标"纳入通识教育课程标准与教学评价体系，设立专项课题支持德育课程开发与教学改革，完善课程思政评估机制，将德育目标达成度作为课程质量的重要衡量标准。

同时，营造"德育无处不在"的教学文化氛围也十分关键。通过设立"德育教学优秀案例库""思政微课比赛""教师德育育人奖"等多元举措，推动教师之间的经验交流与示范引领，形成价值共识和教育合力，使德育真正从"个别课程的责任"上升为"全课程的担当"。

通识教育课程作为高等教育中连接知识、价值与能力的关键桥梁，其德育整合不仅是一项教学任务，更是一种教育理念的重塑与体系构建的再设计。通过对课程目标的重构、教学策略的优化、实践平台的拓展与制度机制的完善，通识教育可实现知识传授与价值引领的同频共振，真正培养出具备道德判断力、人文关怀精神和社会责任感的全面发展型人才。这既是新时代高等教育应有的使命，也是面向未来社会对大学育人功能的核心要求。

二、协同教学在通识教育中的应用

（一）将德育内容融入跨学科课程中，提高课程的社会价值与思辨性

协同教学在通识教育中的应用，通过将德育内容融入跨学科课程，不仅可以提升课程的社会价值，还能够增强课程的思辨性。通识教育课程的特点是跨学科、多维度的，因此，它为德育内容的渗透提供了广阔的空间。将德育教育纳入多学科的课程中，能够帮助学生在不同的学科视角下理解道德问题，培养其批判性思维和道德判断能力，进而提升学生的社会责任感和参与意识。

跨学科课程本身拥有丰富的思想资源和多元化的知识背景。例如，在哲学、社会学、历史学等课程中，学生可以通过探讨伦理问题、社会问题和历史事件，从不同的学科视角理解道德问题。例如，在哲学课程中，讨论伦理学和道德哲学的核心概念，帮助学生理解道德判断的理论基础，并引导学生思考个体行为对社会和他人的影响。在社会学课程中，通过对社会结构、社会不平等现象的分析，学生能够理解社会中道德责任和义务的实际应用，提升他们的社会责任感。

这种跨学科的整合，有助于深化学生对道德问题的思考，而不仅仅是从单一学科角度来解决问题。通过跨学科的融合，学生可以更全面地看待问题，形成多

角度的解决方案，推动他们从理论到实践的深层次思考。这种综合性的思考方式有助于培养学生的批判性思维能力，也有助于提升课程的思辨性和社会价值。

通过这种方式，德育内容与学科知识的结合，不仅拓展了通识课程的教学深度和广度，也能激发学生对社会责任的认知，使学生更好地将道德判断与社会实际结合，形成全面的道德素养和社会意识。

（二）通识课程与实践活动相结合，增强学生的社会责任感

通识教育的一个重要功能是培养学生的社会责任感，这不仅仅依赖于课堂教学，更需要与实践活动相结合来实现。通过将通识课程与实践活动相结合，学生不仅能够在课堂中学到理论知识，更能够在实际的社会情境中理解和应用所学内容，从而增强其社会责任感和道德认知。

实践活动作为一种重要的教学形式，为学生提供了理论与实践相结合的机会。在参与社会服务、志愿活动、实地调研等实践活动时，学生能够面对具体的社会问题和道德挑战，这种亲身体验能够帮助学生更深刻地理解社会责任的内涵。例如，参与环保、扶贫、助学等社会项目时，学生能够直接接触到社会中存在的不平等现象，体验到帮助他人和服务社会的重要性。在这些活动中，学生通过与社区成员的互动和对实际问题的解决，能够更好地理解德育教育的意义，将其内化为个人的价值观和行为准则。

同时，实践活动还能够增强学生的团队合作精神和领导力。在许多社会实践项目中，学生需要与他人协作完成任务，这不仅考验他们的组织能力和沟通能力，还能让他们体验到集体主义精神和责任担当。在这些活动中，学生不仅是道德决策的参与者，还是社会服务的实践者，他们在服务他人和推动社会发展的过程中，深刻体会到道德责任和社会义务，增强了社会责任感。

将通识课程与实践活动结合，还能够促使学生更好地将所学的知识应用到现实生活中，从而提升其社会适应能力和问题解决能力。通过参与这些活动，学生能够将课堂上学到的社会学、心理学、伦理学等知识，转化为具体的行动，从而实现知识与实践的无缝对接。这种结合不仅使通识课程的教学内容更加生动具体，也有助于学生在实践中培养出更强的道德判断力和责任感。

因此，将通识课程与实践活动结合，不仅能够增强学生的社会责任感，还能帮助学生更好地理解社会问题，并在实际生活中践行道德规范。这种教学模式有效实现了德育教育的目标，使学生在课堂之外有了更多的机会去体验、实践和反思，从而实现其全面素质的提升。

三、具体实施策略

（一）与社会、企业等三方组织合作开展课程项目，将社会问题与课程内容结合

与社会组织和企业的合作是实施德育教育的一个有效策略。通过这种合作，学校可以将社会实际问题引入课程，增强学生对现实社会的感知和理解，从而提升他们的社会责任感和道德判断能力。企业和社会组织通常在各自的领域内有着深厚的经验和实际操作能力，合作开发课程项目，能够为学生提供与社会热点问题相关的实际案例和任务，帮助学生将所学的理论知识与实际问题结合起来，形成更具应用性和社会价值的学习成果。

在实际操作中，学校可以与社会组织和企业共同设计与社会问题相关的课程项目。这些项目可以是社区服务、环境保护、扶贫助学、企业社会责任等方向，学生通过参与这些项目，不仅能够深入了解社会问题的成因和解决方式，还能够在实践中锻炼自己的道德决策和团队合作能力。例如，在与某环保企业合作开展课程项目时，学生可以参与环保行动，讨论如何通过社会责任提升企业形象，并参与到实际的环境保护项目中，提升他们对社会责任的理解和行动能力。

此外，与社会组织和企业的合作还可以为学生提供实习、调研、项目管理等机会，让学生在实践中提升解决社会问题的能力。通过这种合作，学校能够确保课程内容紧跟社会发展的步伐，使学生在学习过程中既能掌握理论知识，又能接触到实际问题和解决方案，从而提高学生的社会责任感和道德素养。

（二）设计基于问题解决的课程

设计基于问题解决的课程是提升学生道德决策能力的一个有效途径。问题解决型课程注重将学生置于真实的情境中，鼓励他们主动思考并寻找解决方案。这种课程设计不仅可以锻炼学生的批判性思维能力，还能提升他们的道德判断能力和实际操作能力。通过集体讨论、角色扮演等互动方式，学生能够在讨论和实践中深刻理解道德决策的复杂性和多样性。

在问题解决型课程中，教师可以通过设计具有挑战性的问题，引导学生思考道德冲突和伦理决策。例如，在社会学课程中，教师可以提出关于社会公平、环境保护、公共资源分配等问题，让学生通过小组合作和集体讨论来分析问题并提出解决方案。通过这种形式，学生能够在实践中认识到道德问题的多维性，并培养他们在复杂情境下做出道德决策的能力。此外，角色扮演是提高学生道德决策

能力的另一有效方式。在角色扮演活动中，学生通过模拟不同角色和情境，深入体验和理解道德抉择的过程，提升他们的同理心和责任感。

通过集体讨论和角色扮演，学生能够从多个角度探讨问题，分析不同的道德立场和利益冲突，最终形成更加全面和理性的道德判断。这种教学模式不仅能够帮助学生提升解决问题的能力，还能够帮助他们理解道德决策对社会的深远影响，增强他们的社会责任感。

（三）结合学生兴趣和社会需求，增强课程吸引力

为了提高思政课程的吸引力和教学效果，必须根据学生兴趣和社会需求来设计课程内容和教学模式。传统的思政课程往往内容单一，缺乏与学生生活和兴趣的紧密结合，导致学生的学习动力不足和课堂参与度低。因此，课程内容和教学模式的改革应注重个性化和多样化，使其更具吸引力和实践性，提升学生的学习兴趣和积极性。

首先，课程内容应当结合社会需求与学生兴趣进行设计。通过分析社会热点问题、时代发展趋势以及学生所关注的现实问题，教师可以设计具有实际意义的教学内容。例如，关注环保问题、社会不平等、公共卫生等领域的道德问题，能够引起学生的兴趣并激发他们的社会责任感。在课程中，教师可以结合这些现实问题，引导学生进行深入探讨和研究，让学生在解决实际问题的过程中，理解道德决策的社会价值。

其次，教学模式的创新是提升课程吸引力的另一个重要策略。传统的讲授式教学方式往往缺乏互动性和参与感，学生的主动性和创造力难以发挥。因此，教师可以通过引入案例分析、小组讨论、角色扮演、实践项目等形式，增加课堂的互动性和实践性。例如，通过案例分析，学生可以结合实际案例，分析其中的道德冲突与社会问题，提出解决方案；通过小组讨论，学生可以分享自己的观点，借鉴他人的思路，提升集体协作能力。

此外，教师应注重引导学生自主学习和深度思考。通过设置开放性问题和讨论题，引导学生进行批判性思维和道德反思，提升他们的综合素质。通过这种方式，学生能够在课程中获得更多的学习自主权，从而提高他们的参与感和积极性。

总之，制定具体的课程内容和教学模式，结合学生兴趣和社会需求，不仅能提升课程的吸引力，还能帮助学生更好地理解和应用道德知识，培养他们的道德责任感和社会责任感。通过课程的改革和创新，学生在学习过程中能够更深入地思考和实践，最终实现全面素质的提升。

四、改革效果的监测与反思

(一) 德育素养的提升评估

在高校德育教育的改革过程中,科学评估学生德育素养的提升至关重要。德育素养不仅仅是学生的道德知识的积累,更包括道德判断、道德行为和社会责任感的培养。为了确保改革的效果,学校需要通过科学的评估方法,系统地监测学生德育素养的提升,并根据评估结果及时调整教学策略和内容。

首先,评估学生德育素养的提升可以通过定期的问卷调查、访谈和课堂表现等方式进行。问卷调查可以设计与道德认知、道德行为、价值观等相关的问题,定期向学生发放,了解学生在德育课程学习后的思想变化。通过与学生的个别访谈,教师能够进一步深入了解学生在课堂外的行为表现和对社会问题的看法。此外,课堂表现也是衡量学生德育素养的一项重要标准。在课堂上,学生是否能够在讨论中展现出理性思维和道德判断,否能够在团队合作中表现出集体主义精神,都是衡量德育素养提升情况的重要方面。

其次,通过社会实践环节的观察和分析,教师能够进一步评估学生的德育素养。社会实践活动为学生提供了将课堂知识应用到实际生活中的机会。教师可以通过观察学生在社会实践中的行为,了解他们是否具备良好的道德判断力和社会责任感。例如,学生在参与社区服务、志愿活动等项目时,是否能够主动帮助他人,是否能够对社会问题进行深刻思考,是否具备一定的道德反思和批判性意识,这些都能为学生的德育素养评估提供直观的依据。

通过科学的评估手段,学校能够全面了解学生在德育教育中的进展和不足,及时调整教学内容和方法,确保德育素养的持续提升。德育素养的评估不仅能够帮助教师优化教学,也能够为学校进一步推进德育改革提供数据支持和实践依据。

(二) 社会责任感、批判性思维和跨学科合作能力的培养效果评估

在德育教育改革的过程中,培养学生的社会责任感、批判性思维和跨学科合作能力是改革的核心目标之一。因此,评估这些能力的培养效果是监测改革成效的重要环节。社会责任感、批判性思维和跨学科合作能力不仅是学生的综合素质体现,也是他们未来走向社会、融入职场的关键能力。

首先,学生社会责任感的培养效果可以通过他们参与社会实践、志愿活动等项目的行为表现来评估。在这些活动中,学生是否能够主动承担责任,是否关注

社会热点问题，是否具备解决社会问题的意识和能力，都是社会责任感培养的表现。例如，在参与扶贫助学、环保等社会实践活动时，学生是否能够从个人行为出发，提出切实可行的改进方案，是否愿意承担社会责任并付诸实践，这些都是衡量社会责任感的重要标准。通过对学生在社会实践中的参与程度和表现进行观察，教师可以有效评估学生社会责任感的培养效果。

其次，批判性思维的培养效果主要体现在学生对信息的独立分析和对问题的深入思考上。批判性思维的培养需要通过鼓励学生质疑、思考和探讨复杂社会问题来实现。在课堂讨论、案例分析和问题解决课程中，学生是否能够提出有价值的质疑，是否能够以理性、客观的态度分析问题，是否能在面对社会问题时提出独立见解，都是批判性思维培养的体现。教师可以通过课堂互动、作业与考试等形式，检查学生是否具备批判性思维的能力，以及他们在实际情境中的应用能力。

跨学科合作能力的培养效果则体现在学生能否在不同学科背景下进行有效的沟通与协作。在现代社会中，问题通常是多学科交叉的，因此，跨学科的合作能力显得尤为重要。教师可以通过设计跨学科项目、团队合作活动等形式，观察学生在合作中的表现，包括他们如何与不同学科背景的同学进行合作，如何整合各自的优势和解决问题。通过对学生合作过程中的表现进行评估，可以有效衡量学生在跨学科环境中的适应能力和协作能力。

通过这些评估手段，学校能够全面了解学生在社会责任感、批判性思维和跨学科合作能力等方面的培养效果。通过反馈和调整，教师可以不断优化教学方法，确保学生在这些关键能力上的全面发展，进而为他们未来的社会生活和职业生涯打下坚实的基础。

第三节 实践类课程的德育协同教学改革

一、实践类课程在德育教育中的地位

（一）实践类课程的特点

实践类课程在德育教育中占据着非常重要的地位，它通过注重体验式学习与实际问题解决，使学生能够在真实的社会情境中应用所学知识，体验和反思道德行为。这些课程的最大特点是不局限于课堂理论的讲授，而是通过学生参与实际

操作和解决现实问题的过程，帮助学生形成更为深刻的道德认知和责任感。

实践类课程强调"做中学"，通过提供实践机会，让学生亲身体验并解决具体的社会问题。这种课程设计的核心是通过实践行动让学生理解理论知识，尤其是在道德教育领域，学生通过参与社区服务、志愿活动、社会调研等项目，能够更直接地感知社会责任、伦理道德与行为规范的实际应用。例如，学生参与环保项目时，不仅能够了解环保理论知识，还能够在实际行动中理解环保的社会价值和道德意义，进而激发他们的责任感和参与感。

与传统的课堂教学不同，实践类课程往往要求学生将理论与实践相结合，在实践中解决具体的问题。这种教学模式不仅能够激发学生的学习兴趣，还能够增强他们的批判性思维、团队协作意识以及解决复杂问题的能力。学生不仅要在实践过程中应用课堂上学到的知识，还要面对实际问题的挑战，进行创新性思考和道德决策，提升他们的道德素养和社会责任感。

（二）实践类课程中实现德育目标的具体化与应用性

实践类课程作为德育目标实现的重要载体，是高等教育中将价值引导、人格塑造与社会行动紧密结合的关键平台。不同于理论课程以知识讲授为主，实践类课程更侧重"做中学""行中悟"的教学逻辑，为学生提供了面对现实问题、经历伦理冲突、做出道德判断的真实场景。因此，如何在实践类课程中实现德育目标的具体化和可应用性，不仅是课程设计的核心内容，更是高校"三全育人"体系建设的突破口。

1. 明确导向：将德育目标具体化于课程设计之初

实现德育目标的第一步是将抽象的德育理念转化为清晰、可操作的课程目标。在实践类课程的设计阶段，教师应围绕《高校思想政治工作质量提升工程实施纲要》等政策要求，结合本课程的专业特性与育人任务，将德育目标以具体化语言纳入课程目标体系。

例如，在"社会调查方法"课程中，可嵌入"提升学生的社会责任感与公民意识"作为育人目标；在"工程设计与创新"课程中，增设"强化学生的职业伦理意识与集体协作精神"等内容。这些目标不仅体现在课程大纲中，还应贯穿项目任务设计、教学评价标准及成果展示等多个教学环节，做到"课程—项目—目标"三位一体，形成结构化德育支撑体系。

2. 情境设计：以真实问题驱动价值内化

实践类课程的优势在于提供了一个模拟社会现实的开放环境。要实现德育目标的有效传递，课程任务必须与现实问题高度相关，具有挑战性、情境性与开放性。课程设计者应围绕社会热点、时代议题或本地社区的实际问题，构建具有道德判断需求的实践任务，促使学生在任务推进中自然进入德育思考状态。

例如，在城市管理类课程中，可组织学生参与"老旧小区改造方案调研与建议"项目，让他们在与居民沟通、方案平衡、政策研读中体会公共利益与个体权益的伦理冲突；在"绿色校园行动"课程中，学生需在预算有限的前提下提出低碳减排方案，面对环保效益与资源分配的道德取舍。这些任务不仅锤炼了学生的专业能力，也提供了道德选择与价值判断的真实场景，从而将德育教育从理念灌输转化为现实体验。

3. 教师引导：促使价值理解走向内化实践

在实践类课程中，教师不再只是"任务布置者"，还是"道德引导者"和"成长合作者"。教师应在项目开展前、中、后的各个阶段中嵌入价值引导环节，通过设问、讨论、反思、总结等方式，引导学生对项目中涉及的道德问题进行深入剖析与自主反思。

例如，在实践前，教师可以通过案例导入提出关键伦理议题；在任务执行中，通过小组指导、即时反馈等鼓励学生表达道德困惑；在项目完成后，通过组织价值反思汇报、道德成长日记等形式，帮助学生从结果导向转向过程体验。尤其是在学生出现错误认知或价值模糊时，教师的适时干预与引导至关重要，可以通过"情景对话""角色互换"等方式激发学生的共情与批判性思维。

此外，教师还应具备一定的德育教学素养与跨学科背景，能够从社会学、伦理学、心理学等多维度为学生提供价值认知支持。因此，高校应为实践类课程教师提供"德育能力提升培训"，构建起专兼结合、理念先进的实践德育师资体系。

4. 成效评估：建立多维立体的德育评价机制

德育目标的实现不仅需要良好的设计与实施，更需要科学有效的评估机制进行监测与反馈。实践类课程的德育评价应突破传统的"结果导向评价"，转向以"过程表现+行为反思+社会影响"为核心的多元综合评估体系。

首先，可通过学生自评、同伴互评、小组共评等方式，考查学生在项目中的合作精神、责任担当与伦理意识；其次，引入"价值成长报告""德育学习日志""社会实践成果展示"等形式，鼓励学生对德育过程进行书面总结与反思；最后，通过外部评价（如合作社区反馈、企业导师评价等）补充校内视角，全面了解学生在真实社会中的德育表现。

此外，学校还可设立"德育表现积分系统"，将学生在多门实践类课程中的道德表现进行数据记录与可视化呈现，作为综合素质评价、评优评奖、升学推荐等环节的重要参考，从而将德育目标真正纳入学生成长发展全过程。

实践类课程是德育教育从"课堂说理"走向"行动体现"的关键平台。唯有将德育目标在课程中明确化、任务中情境化、过程中引导化、评价中立体化，才能真正实现育人效果的内化转化与行为落地。未来高校应更加注重实践类课程中的价值引领功能，把"做人"与"做事"深度融合，助力学生成长为具有高度社会责任感、道德判断力与公民意识的复合型人才。

二、协同教学在实践类课程中的实施途径

（一）课堂教学与社会实践相结合

在实践类课程的实施过程中，将课堂教学与社会实践相结合，是提高学生社会责任感和团队合作能力的有效途径。传统的教学模式常常侧重于理论知识的传授，而缺乏与实际生活和社会实践的紧密联系。通过与课堂学习型社会实践结合，学生能够将学到的理论知识转化为实际行动，增强对社会问题的感知和理解，培养其道德责任感、集体主义精神和解决实际问题的能力。

首先，教师可以通过设计与社会实践相关的课程项目，使学生在课堂上学习到的理论知识能够在实践中得到应用。例如，在社会学课程中，教师可以安排学生参与社区服务、环保活动、扶贫调研等实践项目，帮助学生在解决实际问题的过程中理解社会结构、资源分配和社会公正等问题。通过这样的实践活动，学生能够在面对实际社会问题时，主动思考并做出道德判断，同时锻炼团队协作能力。

其次，实践项目能够有效提升学生的团队合作能力。在社会实践活动中，学生需要与他人共同协作完成任务，这要求他们在团队中分工合作、相互支持。通过这种合作，学生不仅能够提高与他人沟通和协调的能力，还能够学会如何在团队中发挥领导力和责任感。例如，在组织一次志愿服务活动时，学生需要与团队成员共同策划、组织并执行任务，这不仅锻炼了他们的团队协作能力，还增强了社会责任感和集体主义精神。

通过课堂教学与社会实践相结合，学生能够更全面地理解社会责任和道德规范，并通过实际操作提升自己的道德判断力和团队合作能力。这种协同教学模式促进了学生的全面发展，为他们未来的社会生活和职业生涯打下坚实的基础。

(二) 通过校内外资源整合,提供丰富的实践平台

校内外资源的整合是实现协同教学的另一个重要途径。通过整合学校内部资源和社会外部资源,学校可以为学生提供更多的实践平台,帮助学生在实践中理解社会责任和道德价值,增强他们的社会参与感。学校的内部资源包括各类学科教师、实验室设施、学术资源等,而外部资源则包括政府机构、企业、非政府组织(NGO)以及社区等。通过与这些资源的合作,学校能够为学生提供丰富的实践机会,使他们在多元化的社会背景中进行实践和学习。

具体而言,学校可以通过与企业、社区、政府部门等合作,设计并实施一系列社会实践项目。例如,学校可以与企业合作,开展社会责任项目,如环保、公益项目等,让学生在真实的工作环境中参与并解决社会问题。通过这些实践活动,学生能够接触到企业运营、社会需求和公共责任等方面的内容,从而提升对社会责任的认知和理解。

此外,校外资源还可以为学生提供实习和调研机会,学生在实习过程中不仅可以应用所学的专业知识,还能在实践中理解职业道德和社会责任的重要性。例如,通过与公益组织的合作,学生可以参与到公益项目的策划和执行中,体验社会服务和公益活动的实际操作,增强社会参与感和责任意识。这些活动不仅丰富了学生的实践经验,还帮助他们树立起正确的价值观和社会责任感。

通过校内外资源的整合,学生能够在多样的社会实践中汲取经验,增强社会参与感,提高道德判断力和社会适应能力。这种方式有效拓宽了学生的学习视野,使德育教育与学生的实际生活和未来职业需求更加紧密地结合。

(三) 实地调研、社会服务等实践活动的设计

实地调研和社会服务是实现协同教学和德育教育的有效实践活动。这些活动使学生能够在社会实际中应用课堂所学的理论知识,帮助他们理解社会问题和道德挑战,培养他们的社会责任感和道德判断能力。通过设计富有挑战性和教育意义的实践活动,学校能够引导学生将理论知识转化为实际行动,提高学生的实践能力和道德素养。

实地调研是一个典型的实践活动形式,能够帮助学生将理论知识与社会现实问题相结合。学生通过实地调研,可以深入了解社会中存在的各种问题,如贫困、教育不平等、环境污染等。在调研过程中,学生不仅能够收集和分析社会数据,还能够深入思考这些问题背后的道德与社会责任问题。例如,学生在进行扶贫调研时,能够接触到贫困地区的真实情况,了解当地居民的生活状况,从而思

考如何促进社会公平与平衡资源分配，增强社会责任感和道德敏感性。

社会服务活动同样是帮助学生将理论与实践相结合的有效途径。通过参与志愿服务、社区服务等活动，学生可以直接服务社会、帮助他人，并在这一过程中锤炼自己的道德判断能力和责任感。在这些活动中，学生不仅能够帮助解决社会问题，还能通过与不同背景的人群互动，增强他们的集体主义认识和社会参与感。学校可以通过设计不同类型的社会服务项目，鼓励学生参与到社会中，发挥自身的力量，为社会发展做出贡献。

通过实地调研和社会服务等实践活动，学生能够在真实的社会环境中体验道德行为，深入理解社会问题的复杂性，从而将课堂所学的知识转化为具体的社会责任和道德行动。这种实践活动不仅有助于学生的知识应用能力提升，还能增强他们的社会责任感和道德素养，为学生未来的社会生活提供重要的道德基础。

三、实践课程德育目标的具体落实

（一）引导学生在实践活动中进行伦理思考和道德决策

在实践课程中，德育目标的落实尤为重要，其中之一便是引导学生在实践活动中进行伦理思考和道德决策，从而提升其道德判断能力。传统的课堂教学往往聚焦于道德理论的讲解，而实践课程则为学生提供了一个理想的平台，让他们在真实的社会情境中面对道德问题和伦理困境，通过具体的行动来内化道德教育，提升其道德判断力和决策能力。

实践活动提供了一个模拟或现实的场景，让学生能够将道德理论与实际问题相结合。例如，在参与志愿服务、扶贫助学、社区建设等社会活动时，学生可能会遇到需要进行道德决策的情况，如在有限资源的分配中，如何公平公正地做出选择，如何平衡个人利益与集体利益等问题。面对这些具体的道德困境，学生能够更加清晰地理解道德原则的实际应用，并学会如何做出符合伦理要求的决策。在此过程中，教师可以通过引导学生进行伦理思考，提供多种视角的分析，引导学生思考不同道德抉择的可能后果，帮助学生在现实生活中形成良好的道德判断能力。

此外，教师还可以通过组织小组讨论、辩论等方式，鼓励学生就社会热点问题进行深入思考，并在小组讨论中交换意见，提出不同的道德观点。这种互动不仅增强了学生的批判性思维，还能帮助他们学会在集体讨论中既尊重他人意见，同时也能坚定自己的道德立场和判断。在这个过程中，学生的道德决策能力得到有效锻炼。

（二）鼓励学生参与实践活动，培养学生的集体主义精神和社会责任感

实践课程不仅帮助学生提升道德判断能力，还能通过参与社区建设、公益项目和志愿服务等活动，培养学生的集体主义精神和社会责任感。在当今社会，个人的成长与社会的进步密切相关，培养学生的社会责任感和集体主义精神是德育教育的重要目标。通过设计和组织实践活动，学校可以让学生在为社会服务的过程中，理解个人责任与集体利益之间的关系，培养他们的集体主义精神。

社区建设、公益项目和志愿服务等活动为学生提供了广泛的实践平台。在这些活动中，学生不仅能够为社区和社会做出实际贡献，还能够在服务他人的过程中深刻体会到集体主义的核心价值。通过参与社区建设，学生可以了解社区问题、帮助改善社区环境，感受社会公平和责任的价值；通过参与公益项目，学生可以接触到贫困、环境保护、教育公平等社会问题，从中理解社会责任和道德义务；通过志愿服务，学生能够在无私奉献中体验集体主义精神，学会为社会和他人着想，增强团队合作和社会参与感。

实践课程中的这些活动能够让学生在实际的工作和生活中体验到集体主义的价值，理解每个人的行为和决策如何影响整个社会。特别是在团队合作中，学生必须学会与他人协作、沟通和共同解决问题，从而培养他们的集体主义精神和合作能力。在志愿服务过程中，学生常常需要超越个人利益，为集体或他人的福祉而努力，这种无私奉献的行为无疑加深了他们的社会责任感。

通过这样的活动，学生不仅能提升个人的道德修养，还能培养出更强的社会责任感和集体主义精神，成为具有高度责任感和社会担当的个体。这种德育教育的实践活动，能够帮助学生在实践中形成正确的价值观、道德观，并将这些观念内化为自己的行为规范，从而为他们的社会生活和职业发展打下坚实的基础。

四、改革效果的评估与改进

（一）评估学生的道德责任感、团队合作精神等方面的变化

在以实践导向为核心的德育教学改革中，有效的评估机制不仅是检验教学成效的重要手段，更是推动持续改进、优化资源配置和实现德育目标落地的关键路径。尤其是在当前强调"全过程育人"的教育背景下，通过科学的方式评估学生在道德责任感、团队合作精神、社会适应能力等关键德育指标上的成长变化，能够为课程迭代、教学反馈和学生发展提供坚实依据。

1. 道德责任感的行为体现与情感认同

道德责任感是高校德育的核心指标之一，不仅体现在学生的言语表达中，更应落实在行为层面的实际行动上。如在社区服务、公益项目、扶贫帮困等真实情境中，学生能够近距离接触社会问题，直面真实的价值冲突，从而激发其内在的责任意识和道德敏感性。例如，在参与志愿服务的过程中，学生常常会因接触弱势群体而产生共情，从"认识问题"转变为"主动担当"，进而自觉履行公共责任。这种从外在任务驱动向内在责任认同的转变，是衡量德育成效的关键标志。

教师和德育工作者可以通过观察学生在项目中的主动性、持续性以及解决问题的方式，对其道德责任感的变化进行量化分析。同时，引导学生撰写"德育反思日志""社会观察报告"等材料，也是理解其内在变化和情感认同过程的重要手段。

2. 团队合作精神的协作行为与价值共识

在多数实践课程中，学生并非单独完成任务，而是在小组中或跨年级团队中协作完成。正因如此，团队合作能力的培养与评价成为衡量德育目标达成度的重要维度之一。有效的团队合作不仅是表层的任务分工与执行，更深层次的体现则是尊重他人、协商决策、处理冲突和共同承担责任。

实践中，学生在面对任务压力与意见分歧时是否能够展现出积极沟通、换位思考、合理让步等行为，是教师考察其团队意识与集体主义精神的重要切入点。评价维度可以包括学生在团队中的角色扮演能力、对共同目标的承诺程度、协同推进任务的有效性等。设立团队互评、小组成果展示与跨组反馈机制，能够促进学生自我反思与集体协同能力的提升。

3. 多元化评估体系的构建与实施

实践活动的德育成效评估，应摒弃单一的书面成绩评价模式，转向"形成性评价+终结性评价+多元主体评价"相结合的立体评估体系。形成性评价注重过程性观察，如教师在活动中的记录、日常行为表现等；终结性评价则聚焦于最终成果，如项目方案质量、实践成效反馈等；而多元主体评价则包括自评、同伴互评、教师评议和社会组织反馈等多个维度，有助于全面反映学生的德育素养成长轨迹。

例如，在某环保公益项目后，学校可组织学生提交实践日志、自我反思与成长报告，同时邀请合作社区代表参与评价反馈，以此构建"学生—教师—社会"三位一体的德育评价闭环。这种方式不仅提升了评价的客观性与可操作性，也为教育者提供了精准化改进教学设计的数据支持。

（二）反思课程内容与活动形式的适应性

德育改革的深度推进不仅依赖于评估机制的完善，更离不开课程内容与教学形式的持续反思与动态调整。课程内容的现实针对性、活动形式的吸引力与操作性、教学设计与学生个体差异的契合度，直接决定了德育教育的可持续性与实效性。

1. 课程内容：从静态知识到动态问题的转化

随着社会的发展和学生主体意识的增强，德育课程内容需要从单一的"道德知识灌输"向"复杂社会问题探索"转型。内容设计应密切结合时代背景与学生成长需求，将当代热点议题（如人工智能伦理、气候变化与可持续发展、数字治理与网络伦理等）融入教学内容之中。

例如，在通识课程中，可以设立"社会正义与公共伦理"模块，引导学生从理论探讨走向实际案例分析，从而在课堂中拓展其道德判断的深度和广度。此外，还应鼓励教师结合学生专业背景设计交叉主题，如医学伦理、商业道德、法律与人权等，增强德育内容的学科契合度与职业引导性。

2. 活动形式：从传统灌输到多元互动的转变

传统德育教育以讲授为主，学生多处于"听"的被动地位。而现代德育更强调"体验式学习""情景模拟""项目导向"等交互性强的教学形式，这不仅能提升学生的参与度，也有助于道德理念的内化与行为迁移。

教师可以设计基于任务的情境教学，如组织"模拟联合国""校园法庭""道德辩论赛"等活动，让学生在扮演不同角色、权衡多方利益的过程中进行道德抉择。同时，可尝试将在线互动平台、虚拟仿真工具等数字化技术融入课堂，如通过数字故事叙述、道德冲突剧本创作等方式，增强课堂的沉浸感与共鸣力。

3. 教学反馈与机制优化：反思是改革的催化剂

反思并非教学终结后的"总结"，而应成为教学全过程中的持续性行动。通过及时收集学生反馈，教师可以精准识别教学内容是否切合实际、活动形式是否过于抽象、项目任务是否具备可操作性等问题。

高校可以设立"德育课程学生咨询委员会"或"德育观察员制度"，定期收集学生对课程内容、教学节奏、课堂互动的意见与建议。同时，应建立教师教学反思日志制度，鼓励教师记录每次实践课程后的思考与调整计划，形成教学经验的持续积累与良性循环。

在实践类课程中推进德育目标的有效实现，必须坚持"动态调整、过程引导、价值共建"的原则。通过科学评估学生在责任感与合作意识等方面的变化，持续优化课程内容与教学形式，德育才能真正从理念走向行为，从"灌输"转向"生长"。未来的德育教学改革，应构建更加开放、多元、以学生为中心的教学生态，使学生在真实世界中学会道德思考、践行社会责任，成长为有温度、有担当、有能力的时代新人。

第六章 高校德育协同教学的教师队伍建设

随着社会发展和教育理念的不断深化，高校德育教育在培养学生道德素养、社会责任感和综合素质等方面发挥着越来越重要的作用。德育教育不应局限于课堂理论知识的传授，而要通过多元化的教学形式和实践活动，将道德教育与学生的日常生活、社会实践紧密结合。要实现这一目标，教师队伍的建设至关重要。教师不仅要具备扎实的专业知识和教学能力，还要能够引导学生思考道德问题，促进其道德成长。在这一背景下，高校德育协同教学的教师队伍建设成为改革的重要环节。教师的角色正在发生转变，从单纯的知识传授者转变为学生道德成长的引导者、社会实践的组织者、学科交叉的整合者。为了实现这些目标，教师的能力要求也在不断提升，包括批判性思维、跨学科合作、社会问题解决的能力等。因此，高校不仅要加强对德育教师的专业培训和发展，还需要积极促进教师与社会资源的协同合作，通过多层次、多维度的教师培养和发展机制，提升教师队伍的整体素质，确保德育教育的质量和效果。

第一节 德育教师的角色转变与能力要求

一、德育教师的角色转变

（一）从知识的传递者到道德引导者

在传统德育教育体系中，教师的主要职责是将政治理论、行为规范以及国家意识形态等内容准确、完整地传授给学生，课堂教学以"教师讲、学生听"的单向模式为主。这种"填鸭式"的教学方式虽然在知识传递方面具有一定效果，但在面对新时代学生多元价值观、多样社会背景和个性化成长需求时，已难以满足德育教育的深层次目标。

随着社会的发展、教育理念的更新和育人模式的转变，德育教师的角色正从"知识权威"向"道德引路人"转变。这种转变不仅是一种职能的拓展，更是一种教育哲学的变革。教师不再只是"告诉学生什么是对的",还要引导学生去"理解什么是值得追求的",并协助他们在纷繁复杂的现实中找到符合自身价值与社会责任的道德坐标。

在这一过程中,教师的任务不再是单一地传授道德概念和规范,而是要激发学生的内在道德意识,促进其情感共鸣与价值认同。例如,当讲到"诚信"这一概念时,教师不应停留于道德条文的讲解,而应通过现实案例的剖析、角色扮演、情景模拟等形式,引导学生反思自身学业、生活中的道德抉择与实践,从而将道德知识内化为价值观念,并最终外化为行为习惯。

此外,道德成长是一个持续、动态且个体差异显著的过程。教师必须深入了解学生的成长环境、心理特征和价值观冲突点,及时给予针对性的指导和引导。例如,对于在网络环境中成长的"数字原住民"而言,教师不仅要关注他们在现实世界的行为规范,也要引导其形成健康的网络伦理意识,如信息诚信、言论责任和网络共情力等,真正做到贴近学生、走进学生、影响学生。

因此,新时代的德育教师不仅要"讲得好",更要"引得动",在陪伴学生成长的过程中,扮演"人生灯塔"与"价值共鸣者"的角色,帮助学生面对多元社会时找到道德归属,实现由"他律"走向"自律",由"知道"走向"做到"的价值跃迁。

(二)从单一课程的讲授者到多元教育的参与者

传统的德育教育模式以政治理论课程为核心,强调课堂教学的规范性与制度性。然而,这种以课程为主线、以讲授为主要手段的德育教学方式,难以适应新时代对育人方式多元化的要求。现实中,学生的道德意识和社会责任感,往往不是在课堂上被"说教"出来的,而是在丰富多样的社会实践与生活体验中自然生成和深化的。

因此,德育教师的角色需要从"课程讲授者"转向"多元教育参与者",在课堂之外,以更宽广的视野和更丰富的教育形式融入学生的整体成长过程中。他们应积极参与组织校园文化活动、主题教育、志愿服务、社会调研等,将德育内容融入各种"看似非德育"的场景中,实现润物细无声的教育成效。

例如,在组织学生参与社区服务项目时,教师不仅是项目协调人,更是价值引导者。通过带领学生走进养老院、儿童福利院、街道办等一线社区场景,让学生面对真实的社会问题与人群需求,在服务与沟通中体会"尊重""奉献""责任"等核心价值。同时,教师还应在活动结束后组织反思讨论,引导学生将感性体验上升为理性认知,提升他们的道德判断与社会感知能力。

此外，多元化的德育参与也要求教师具备跨领域的整合能力。德育不仅是思想政治课老师的责任，也应是所有课程教师共同承担的教育使命。德育教师应积极与其他学科教师合作，共同策划融合课程，如"生态伦理与环境科学""人工智能与人类价值""法律与公民责任"等跨学科项目课程，将道德教育嵌入知识学习与技能训练的全过程中。

最终，德育的目标不仅是让学生"听懂道理"，更是让他们在"做中学、行中悟"的过程中建立起稳定而成熟的道德人格。教师只有从封闭的课堂走入开放的教育生态中，才能真正成为学生品格成长的伴行者、生活教育的组织者和道德实践的引领者。

（三）从理论讲者到社会问题的思辨者

在社会高速变化与信息泛滥的时代背景下，学生所面临的道德挑战和社会现实问题远比课本所提供的案例复杂得多。如何培养学生在现实中做出明智而负责任的道德决策，成为德育教育的新使命。因此，教师必须从"理论讲授者"转型为"社会问题的思辨者"，以问题为导向，引导学生走出教材，直面现实，激发他们的社会参与意识与批判性思维能力。

这一角色转变意味着教师不仅要传授理论知识，还要能将理论应用于实际，引导学生分析和讨论社会中的伦理问题与道德矛盾。例如，在面对"人工智能是否应具有道德约束力""富人捐款是否应成为义务""网络暴力与言论自由的界限"等问题时，教师应鼓励学生提出观点、探讨立场、理解不同社会群体的利益诉求，最终形成有理有据、负责任的道德立场。

这种教学模式不再满足于"讲清理论"，而是追求"启发思辨"。教师可以通过设计跨学科讨论、情景模拟辩论、问题调研报告等形式，让学生置身于"道德灰区"的现实场景中，体验价值冲突、权衡利益关系、思考决策后果。例如，在探讨"企业裁员与员工利益"这一主题时，学生需从企业管理者、员工、社会公众等多个身份出发，厘清道德与法律、个人与集体的边界，从而真正提升其责任意识和价值辨析能力。

更进一步，教师应倡导"研究型德育"，鼓励学生开展以社会热点为核心的问题研究与行动倡议，推动学生从课堂走向社会，从理论思维走向现实参与。只有当学生能够在复杂的社会现实中进行独立思考与道德探索时，德育教育才真正实现了"教以成人"的根本目标。

二、德育教师的能力要求

（一）教学能力：德育教学质量的基石

教学能力作为德育教师的核心素养，不仅决定了课堂教学的效果，更直接影响到学生道德认知的发展和价值观的形成。德育教师在教学过程中扮演着知识传播者、价值引导者和学习促进者等多重角色，因此其教学能力必须体现出理论深度、教学方法的灵活性以及对学生心理发展的敏感把握。

首先，扎实的教学能力表现在对德育理论的系统掌握与灵活运用。教师应具备坚实的政治理论和伦理道德知识基础，能够准确把握马克思主义伦理观、中国传统道德精华以及当代社会主流价值体系，并能将抽象理论具象化、生活化，使其贴近学生的成长经验。例如，在讲授"集体主义"概念时，教师不仅可以通过理论阐述，还可结合学生参与的班级建设、志愿活动等实际情境，引导学生反思"自我与集体"的关系，增强其道德判断与归属意识。

其次，有效的教学管理能力是保障德育课堂质量的关键。德育教学需要构建开放、包容且富有张力的互动环境，这要求教师具备出色的课堂组织与引导能力。教师应根据学生心理特点，设定适宜的教学节奏，灵活安排小组合作、角色扮演、情景模拟等活动，营造参与式教学氛围，激发学生在讨论中表达见解、碰撞思维。例如，在探讨"诚信"话题时，可以设置角色冲突场景，让学生通过角色扮演理解诚信在现实人际关系中的价值和代价，从而将其内化为个人道德信念。

最后，创新的教学设计能力也是衡量德育教师教学水平的重要标准。教师需结合时代发展、学生兴趣与社会热点，动态调整教学内容与形式，突破传统"说教"方式。借助现代信息技术手段，如微课、思维导图、在线投票、虚拟辩论等，可以极大地提升教学趣味性和参与度。例如，教师通过创设在线"道德投票平台"，引导学生就校园欺凌、网络暴力等热点议题发表看法，既增强了学生的批判性思维能力，也拓展了课堂影响力，真正实现"教以润心、教以启行"。

（二）思维引导能力：点燃学生道德自觉的火种

德育教学的最终目的并非使学生机械记忆道德规范，而是激发其内心的道德自觉，引导其形成独立的判断能力和良好的价值体系。因此，思维引导能力已成为新时代德育教师不可或缺的核心素养之一。它要求教师能够超越知识传授，深度介入学生的认知建构和情感体验过程，激发学生的道德想象力和批判性思维。

一方面，教师应成为"提问者"，通过设置富有挑战性的道德议题，引导学生从多角度审视问题，发展开放性与独立性的思维方式。例如，在讨论"高铁霸座行为"时，教师可引导学生分别从法律、道德、文化、心理等角度进行思辨，探讨"道德责任与个人权利"的界限问题，从而提升学生的问题意识和伦理敏感度。教师所营造的不是唯一答案的灌输场，而是充满辩证对话的思维空间。

另一方面，教师也应成为"倾听者"和"共情者"，根据学生的个体差异与成长阶段，因材施教，灵活调整引导策略。例如，对于性格内向、不善表达的学生，可以通过匿名提问、小组讨论或情境创作等方式，缓解其表达焦虑，激发其内心世界的道德思考。对面临价值困惑或生活压力的学生，教师则须具备心理支持能力，通过谈心、个别辅导等形式，引导其在安全信任的环境中自我认知、价值澄清。

更为重要的是，思维引导能力应落实在"从思到行"的教学闭环中。教师不仅要引导学生提出问题、分析问题，还应鼓励学生走出课堂、走向实践，将思辨成果转化为现实行动。例如，在学习"公平正义"相关内容后，组织学生开展公益募捐、校园议事会、弱势群体访谈等活动，在真实环境中检验和深化道德判断，从而实现从认知理解到行为落实的跃迁。

（三）跨学科知识与社会实践能力：德育教育的纵深引擎

当代社会的复杂性与多样性，要求德育教育必须跳出学科边界、课堂空间的局限，拓展教育的广度与深度。因此，具备跨学科知识结构与社会实践能力，已成为新时代德育教师专业素养提升的关键方向。

首先，跨学科知识是德育教师拓宽教学视野、深化道德教育的必由之路。德育教育本身就是多学科交叉融合的领域，涉及哲学的伦理思辨、心理学的情感动因、社会学的结构分析、法学的权责厘定等。教师需打破"学科本位"思维，主动整合不同领域的知识资源，提升德育内容的理论张力和现实解释力。例如，在讲授"公民责任"时，可以融入政治学中的"公共参与"概念、社会学中的"社会契约论"，帮助学生理解公民责任的多维来源与历史演进，从而增强其制度意识和行动自觉。

其次，社会实践能力是德育教师"落地教学"的关键保障。教师只有深度参与过社区服务、公益活动、志愿项目等，才能真正理解实践教育的复杂性，才能在教学中提供生动的案例、真实的问题、有效的指导。教师在组织学生社会实践的过程中，不仅是活动的组织者，更是学生成长的引路人。比如，在引导学生参与乡村振兴调研时，教师可带领学生从村庄发展、教育公平、生态保护等多个角度进行观察和记录,并引导学生在返校后进行数据分析、反思报告撰写、成果分享,从而形成"知—情—意—行"一体化的德育链条。

此外,教师还应具备设计"课程+实践+评价"一体化项目的能力,能够将社会实践系统化、规范化、课程化。例如,建立"学生德育成长档案",记录其在社会实践中的观察、决策与行动,为学生构建个性化德育画像,为学校形成实践育人的长效机制。

总的来看,新时代德育教师必须具备系统的教学能力、敏锐的思维引导力、广博的跨学科知识及扎实的社会实践能力。这些素养不是彼此孤立的,而是交叉融合、协同作用的整体体系。只有具备这些综合能力,德育教师才能从"会讲"走向"会教",从"育言"走向"育心",真正实现从"知识传授者"向"价值引领者"的转型,为培育有理想、有道德、有文化、有担当的社会主义建设者和接班人奠定坚实基础。

第二节 高校德育教师的培养与发展

一、德育教师的培养体系建设

(一)专业化的培训:构建高质量德育教师队伍的基石

在新时代德育教育不断深化的背景下,建立系统、科学、专业化的培训体系已成为高校提升德育教师整体素质的首要任务。德育教师的专业能力不仅体现在其理论水平和授课技巧上,更体现在其是否具备将道德教育与学生现实生活深度结合的能力上。高校唯有通过持续的、高质量的专业化培训,才能确保德育教师紧跟教育变革步伐,具备开展高效课堂和价值引领的综合素养。

首先,专业化培训应突出内容的系统性与前瞻性。培训课程需围绕思想政治理论、德育课程设计、青少年心理发展、教育伦理学、社会问题剖析等核心领域展开,使教师在理论上打下坚实基础。例如,在"当代大学生心理特点"培训模块中,教师可以深入学习学生常见的心理困扰的成因与应对方式,为课堂中引导学生价值冲突或道德抉择提供更科学的人文关怀。

其次,培训体系应突出"用得上"的实用性和"接地气"的应用性。教师不仅要会讲道德理论,更要会设计贴近学生生活的教学活动。因此,培训应包括课堂教学技能训练、数字工具运用(如德育微课制作、MOOC课程建设)、案例分析技巧等。例如，在专题培训中引导教师使用影视片段、社会热点、短视频等新媒体素材，激发学生情感共鸣，从而实现道德教育的"入脑入心"。

最后，培训内容还应关注德育教学与当前社会热点的对接。比如围绕"人工智能与伦理风险""数字时代的隐私保护与责任意识""生态文明视野下的绿色伦理"等主题开展研讨，既能增强教师的时代敏感度，也能提高课堂内容的时效性与思辨深度。通过这种专业化培训，德育教师将不再是传统意义上的"教条讲师"，而是引导学生构建价值判断与社会责任感的"思维催化师"。

（二）多层次的师资培养计划：构建持续成长的教师发展机制

德育教师的成长是一个动态、递进的过程，因此建立"多层次、全周期、可持续"的师资培养计划，是高校加强德育队伍建设、确保教学质量长效提升的重要举措。这一计划应涵盖从职前准备到职后发展、从基础培训到高级研修的完整路径，实现教师在职业生涯不同阶段的精准支持与能力提升。

在职前阶段，高校应开设专门的德育教师资格培训课程，帮助预备教师掌握德育教育的基本理念、方法与伦理规范。例如，通过模拟教学、微格课堂、教学实训等方式，提升新教师设计课堂、组织讨论、引导学生思辨等实际能力，使其具备独立承担德育课程的教学能力。

进入职后阶段，应通过持续性专业发展计划推动教师不断进阶成长。高校可以设立"青年骨干教师培养项目""中高级教师教学创新计划"等，支持教师开展教学法研究、课程开发与跨学科研讨。例如，组织德育教师参与由心理学院、法学院、新闻传播学院联合开展的"媒体伦理与青少年价值观"课题研究，不仅能够拓宽教师的学科视野，还能增强教师的跨专业综合引导能力。

高校还应建立"走出去"与"引进来"并行的外部资源融合机制。通过选派骨干教师参与国内外德育教育论坛、访问学者项目、国际教育考察等，拓宽教师的国际视野与比较教育思维。同时，邀请专家学者、一线社会工作者、企业伦理顾问等走进校园，为教师讲授"实战经验"，加强理论与现实的深度融合。

通过这种多层次、分阶段、模块化的培养机制，高校可以有效激发德育教师的教学热情与专业自信，构建一支富有理想信念、理论功底扎实、实践能力突出的新时代德育教师队伍。

（三）实践基地的建设：德育教师"走出去"的课堂延伸

理论离不开实践，德育尤其如此。高校在培养德育教师时，应积极建设高质量的社会实践基地，为教师提供体验社会、融入现实、提升教学深度的机会。实践基地不仅是学生德育教育的"第二课堂",也是教师专业成长的"第二讲堂"。

首先,实践基地可以成为教师了解社会问题、提炼教学素材的重要平台。例如,通过参与社区治理、乡村振兴、公益救助等项目,教师可以直观感受现实中的道德困境、价值冲突与人文情怀,从而丰富教学内容、提升课堂的现实感与说服力。参与城市边缘群体教育项目后,教师便能更深刻地探讨"公平正义""社会救助""价值尊重"等核心概念,并在课堂中引导学生形成同理心与社会责任感。

其次,实践基地还是教师"以行促教"的反思空间。高校可鼓励教师以基地为依托,开展"行动研究"或"服务学习"类项目,将教学理念在社会一线中去检验、调整再创新。例如,一名教师在组织学生参与环保组织活动后,结合活动数据与反思日志编写《大学生环保意识建构路径研究》,推动德育教学从经验传递走向研究支持。

最后,实践基地也有助于教师与学生共同构建"教学共同体"。教师不再只是布置任务的人,还是与学生共同服务、共同体验、共同思考的参与者。在这一过程中,教师能更真实地了解学生的道德思维方式和行为反应,从而在未来教学中进行更有针对性的引导。

在新时代高校思想政治教育不断深化的背景下,德育教师不仅是知识传授的桥梁,更是引领学生精神成长与道德担当的关键力量。通过建立专业化的培训体系、多层次的师资培养计划以及丰富多样的实践基地,高校能够系统性地培育一支结构合理、能力突出、视野开阔的德育教师队伍,为落实立德树人根本任务提供坚实保障。

未来,德育教师应在持续学习中成长、在深度实践中反思、在多元互动中创新,以更饱满的精神状态、更丰富的教学方法和更深刻的人文关怀,回应学生的成长需求与社会道德挑战,真正成为学生精神世界的点灯人。

二、德育教师的自我发展与激励机制

(一)鼓励教师进行学术研究和道德教育的创新探索

德育教师的自我发展是确保德育教育质量提升的核心因素之一。为了推动德育教育的不断进步和创新,学校应鼓励教师进行学术研究和道德教育的探索,尤其是在当今社会快速发展的背景下,德育教育的内容、方法和实践需要不断进行更新和改革。通过支持德育教师的科研工作,学校不仅能够增强教师的学术能力,还能为德育教育的发展提供新的理论支持。

学校可以为德育教师提供专门的科研资金和平台，支持其在德育领域的深入研究。通过设立专项基金、科研奖励等方式，学校能够为教师的学术研究提供实际支持，激励教师在德育教育的理论创新方面做出贡献。这些资金可以用于资助教师进行德育理论的研究，尤其是关于如何在新的社会环境下应用传统道德规范，如何将新兴社会问题融入德育教育等方面的研究。通过这一机制，教师不仅能获得更多的资源和机会，还能在更广阔的学术平台上展示其研究成果。

此外，学校可以通过举办学术研讨会、交流会等形式，提供更多的机会让德育教师展示他们的研究成果，并与同行进行深入的学术探讨。这不仅有助于教师的个人学术成长，还能促进其德育教育理论的进一步发展。教师通过与他人分享自己的研究，能够拓宽思路、激发创新，推动德育教育理论的不断更新和完善。

鼓励德育教师进行学术研究的同时，还应推动教师将研究成果转化为教学实践，通过更新教学内容和方法，将最新的教育理论应用于课堂实践，提升学生的道德素养和社会责任感。这样，教师的学术探索与教学实践能够相互促进，形成良性循环。

（二）通过评价和奖励制度激励德育教师的表现

为了激励德育教师不断提升自我，学校应制定科学合理的激励机制，充分调动教师的积极性和创造力。这一机制不应局限于物质奖励，而应通过评价和奖励制度，认可教师在教学、科研、社会服务等方面的卓越贡献，确保教师在各个层面的表现得到充分的肯定和回报。

首先，学校可以通过制定清晰的教师评价标准，对德育教师的教学能力、科研成果和社会服务等多方面进行综合评估。评价指标可以包括教学质量、学生反馈、课程创新性、参与学术研究的成果、社会服务的影响力等多方面内容。通过全面的评估，学校能够客观了解教师的工作表现，同时为教师提供有针对性的反馈和指导。尤其在德育教育方面，教师的社会责任感、道德引领能力和学生的道德成长都是评价的重要维度。

其次，学校应建立多元化的奖励机制，将教师的贡献通过不同形式予以奖励。可以通过发放奖金、评优、职称晋升等方式，表彰教师在教学、科研和社会服务方面的突出成绩。例如，定期举办"德育教育先进教师"评选活动，评选出在德育教学和社会服务领域表现优异的教师，并给予物质奖励或荣誉称号。此外，教师的职称晋升也应考虑其在德育教育中的贡献，使优秀的德育教师能够获得公平的职业发展机会。

这种激励机制不仅可以激发德育教师的工作热情，还能推动他们在专业领域的进一步成长。通过奖励，学校能够吸引和留住优秀的德育教育人才，为德育教育的持续改进提供人力资源保障。同时，激励机制还能促使教师不断进行自我反思和进步，提升其专业素养，并推动德育教育理念的创新与发展。

最后，学校应根据教师的反馈和评价结果不断调整激励机制，使其更加符合教师的实际需求和职业发展规律。定期的评估和调整能够确保激励机制的持续有效性，并为教师提供更好的成长平台，从而推动德育教育的长远发展。

第三节 高校德育教师与社会资源的协同

一、高校德育教师与社会资源的协同作用

（一）校外社会资源的整合

高校德育教师在进行德育教育时，不仅应依靠课堂教学，还需要充分整合和利用校外社会资源，包括政府部门、企业、公益组织等。这些社会资源能为德育教师提供丰富的实践平台，将社会热点问题和社会服务纳入德育课程的教学中，极大地提升了德育教育的实践性和社会性。通过与社会各界的合作，德育教师能够为学生创造更多的实践机会，使学生能够通过实际参与，深入理解和解决社会中的道德问题。

校外社会资源的整合首先能够为德育课程提供更贴近现实的教学内容。与企业合作，可以让学生参与到企业的社会责任项目中，如环保行动、公益活动等。这不仅能让学生了解社会责任相关理论，还能通过实践加深他们对社会责任的理解。与公益组织的合作，则可以让学生参与到具体的社会服务项目中，帮助贫困地区、弱势群体等，学生通过亲身经历社会问题的复杂性，更能理解道德判断与社会行为之间的联系。通过这些活动，学生能够真正感受到道德决策的社会影响，进而提高他们的社会责任感和道德认知。

此外，与政府和社会组织的合作也为德育教师提供了拓展教学资源和平台的机会。例如，教师可以组织学生参加社会调研、政策倡导等活动，使学生在了解社会现状的过程中，思考如何通过集体和个体的努力促进社会公平正义。通过这类合作，德育教师能够将课本知识与现实社会紧密结合，增强教学的时代感和实际价值。

(二) 促进社会服务与教育的结合

通过社会资源的协同，德育教师不仅能够扩展课堂之外的教育场域，还能够有效提升学生对社会责任的认知与参与感。通过与社会资源的协作，德育教师能够设计出更多具有实际意义和社会价值的教育项目，帮助学生在社会服务中实践道德判断和责任意识。社会服务项目的开展不仅让学生参与到社区建设、志愿服务等活动中，还能够促使他们在实践中面对现实问题，提升解决实际问题的能力。

例如，德育教师可以通过组织学生参与社区调研、公益服务等项目，让学生在亲身体验中感受到社会问题的复杂性与解决问题的紧迫性。在这些活动中，学生不仅能够通过实际行动改善社区环境，还能够提升道德判断力和责任感。例如，在环保项目中，学生不仅要学习与环保相关的知识，还需要分析社会对环保的认知差异，提出体现社会责任感的解决方案。通过这些实践，学生能够从实际行动中理解道德决策的复杂性，强化道德责任感和社会参与感。

此外，德育教师还可以通过开展社会调查、文化交流等形式，帮助学生形成对社会问题的深刻理解。这些活动能够使学生认识到道德责任不仅仅是个人的修养问题，更是社会发展和进步的重要组成部分。通过参与社会服务，学生能够在帮助他人、服务社会的过程中，深刻体会到集体主义精神与社会责任的价值，进而提升自身的道德判断和社会责任意识。

总的来说，通过与社会资源的协同，德育教师能够为学生提供更加丰富的教育体验，帮助他们从多个维度理解和践行道德责任。社会服务与教育的结合，不仅让学生学到理论知识，还能通过实际行动将这些理论付诸实践，促进学生道德素养的提升，培养他们成为具备社会责任感、批判性思维和实际行动能力的公民。

二、高校德育教师的跨界合作与资源共享

(一) 跨学科协同

跨学科协同是高校德育教育中不可忽视的一项战略，尤其是在当今知识日益复杂、多元化的社会背景下，单一学科的视角和内容往往难以全面解决学生面临的社会问题。德育教师通过与其他学科的教师协同工作，共同设计课程，将德育内容融入其他学科中，可以为学生提供更全面的道德教育。跨学科协同不仅能够丰富德育教学的内涵，还能帮助学生从不同的学科角度理解社会问题，培养他们

解决实际问题的能力。

例如，德育教师可以与社会学、心理学、法学等学科的教师共同设计课程。在社会学课程中，德育教师可以帮助学生理解社会结构、社会公平、群体行为等问题，将道德判断与社会背景相结合；在心理学课程中，教师可以引导学生探讨个体行为的动机和道德抉择，理解道德行为背后的心理机制；在法学课程中，教师可以讲解法律与道德的关系，让学生在法律框架下理解社会责任与伦理规范。通过跨学科的融合，学生不仅可以从多个视角审视道德问题，还能在理论的基础上进行更深刻的思考，提升道德判断力和社会责任感。

此外，跨学科协同的另一重要作用是推动道德教育的创新。在传统的德育教育中，知识的传授往往是单一的，而通过跨学科协同，德育教师能够引入不同学科的研究成果和教学方法，为学生带来新的教育体验。例如，心理学的研究方法可以帮助学生更好地理解道德决策的心理过程，法学的理论则能提供关于社会秩序和道德行为的具体规范。通过这种跨学科协同，德育教育能够实现从理论到实践的全面提升，帮助学生更好地应对复杂的社会问题。

（二）与企业、NGO 的合作

高校德育教师与企业、非政府组织（NGO）的合作，成为提升德育教育实际效果的重要途径。通过与社会上的企业、NGO 等组织建立合作关系，德育教师能够为学生提供实习、调研和社会服务机会。这些合作关系不仅让学生在实际项目中体验道德决策和社会责任，还能够让他们在真实的社会环境中实践所学知识，培养他们的社会适应能力和道德素养。

与企业的合作为德育教育带来了新的实践平台，尤其是企业的社会责任项目，为学生提供了在真实工作环境中解决社会问题的机会。德育教师可以组织学生参与企业的社会责任项目，如环保行动、社会扶贫、公益活动等，这些活动能让学生在实践中理解企业如何履行社会责任，如何平衡盈利与道德价值。在这些项目中，学生不仅能够学习到专业知识，还能够通过参与道德决策的过程，理解责任与道德判断在商业实践中的具体应用。通过这种方式，学生能够在实践中提高自己的社会责任感和道德判断能力，培养集体主义精神和社会担当意识。

与 NGO 的合作同样具有重要意义。NGO 通常涉及社会弱势群体、公共福利、环境保护等多个领域，通过与这些组织的合作，德育教师能够将学生带入更广泛的社会服务和公益项目。通过参与社会调研、志愿服务、公益项目等活动，学生不仅能够亲身感受到社会问题的复杂性，还能在实际行动中践行道德规范。例如，学生可以通过参与社区服务、扶贫助学等项目，直观地看到社会不平等、资源匮乏等问题，并在实践中思考如何通过自己的努力去解决这些问题，从而提升他们的道德责任感和社会认同感。

总的来说，与企业、NGO 的合作不仅丰富了德育教育的实践内容，还为学生提供了真实的社会体验。通过这些合作，德育教师能够引导学生在面对社会问题时，具备更强的道德判断力和行动力，从而培养出具有社会责任感、创新精神和实践能力的综合型人才。

通过这些协同，德育教师能够将社会资源和课堂教学紧密结合，为学生提供多层次、多维度的教育体验，不仅提升德育教育的实践性，也确保教育的时效性和社会相关性。同时，社会资源的引入使得德育教师的教育模式更加多样化，帮助学生更好地理解社会责任，并将这些责任转化为实际行动。

第七章　高校德育协同教学的学生参与机制

在新时代背景下，高校德育面临前所未有的挑战与机遇。一方面，随着思想政治教育改革的不断深入，传统的单一课堂教学模式已难以满足学生全面发展的需求；另一方面，学生作为教育的主体，在德育中的参与程度直接影响教育的成效和实效性。协同教学作为一种融合多主体、多资源、跨领域的教学模式，为高校德育工作提供了新的路径与可能。然而，在实际实施过程中，学生往往处于被动接受的位置，缺乏足够的参与意识和主动性，这不仅削弱了协同教学的互动性和多元性，也影响了德育目标的实现。因此，构建科学合理、有效可行的学生参与机制，成为推动高校德育协同教学高质量发展的关键所在。研究高校德育协同教学中的学生参与机制，不仅有助于激发学生主体性，增强德育工作的吸引力和感染力，也对全面构建自强卓越的高等教育体系具有重要的理论意义与实践价值。

第一节　课堂内外协同的学生自主学习模式

一、自主学习的定义与意义

在当前教育理念不断革新的背景下，自主学习已成为学生综合素质培养中的核心内容之一。相较于传统教学模式中教师主导、学生被动接受知识的方式，自主学习更加强调学生作为学习主体的能动性与主动性。具体而言，自主学习是指学生在学习过程中，根据自身的兴趣、能力和目标，自主设定学习计划、选择学习资源、调节学习策略，并对学习结果进行自我评价与反思的过程。这种学习方式不局限于知识的获取，更深层地涵盖了思维方式、价值判断、行为选择等多个方面，尤其在德育教学中，自主学习具有更为深远的意义。

在德育教学中，自主学习的引入能够有效突破传统"灌输式"教育的局限。过去，德育常被简单理解为对道德规范和政治理论的讲授，忽视了学生内在情感、认知与价值观的生成过程，导致教育内容与学生现实生活脱节。而自主学习的核心是激发学生的内在动机，引导其在真实问题和具体情境中进行道德思考与实践操作，从而实现从"他律"到"自律"的转变。通过自主设定学习目标与路径，学生可以更主动地参与德育内容的探究，如分析社会热点问题、参与志愿服务活动、撰写道德反思日志等，这不仅帮助他们深化对德育理论的理解，也促进了理论与实践的有机融合。

此外，自主学习在促进学生思维能力与人格发展方面也具有不可替代的作用。它强调个体对自身学习过程的控制权，这一过程本身就是自我认知、自我定位和自我超越的过程。在对德育内容的学习中，学生需要面对复杂多变的道德情境与社会现象，这些问题往往没有标准答案，更多需要学生进行批判性分析和价值判断。例如，面对网络舆论的道德冲突、环境保护与经济发展的博弈，学生在自主学习过程中会接触多方观点，并据此形成独立判断，这种训练正是批判性思维与道德判断能力形成的关键路径。而这些能力，恰恰是现代社会对合格公民的基本要求。

值得注意的是，自主学习并不意味着完全脱离教师指导或教育制度的约束，而是强调在教师引导和资源支持下实现学生主体性的最大化。在高校德育教学实践中，教师可通过提供开放式问题情境、推荐多元学习资源、设定反思性任务等方式，引导学生逐步形成良好的自主学习能力。例如，在"诚信教育"主题中，教师可以引导学生调查校园中的失信行为、撰写分析报告，并结合自身经历反思道德选择的背后逻辑，这样的教学设计不仅增强了学生的参与感和现实感，也使德育教育更具针对性和实效性。

同时，自主学习还有助于激发学生的道德情感与社会责任感。道德教育的根本目标并非只是传授正确的行为方式，还要培养学生成为有责任感、能担当、有温度的社会成员。在参与式、自主化的德育学习中，学生不仅要思考"该不该做"的问题，更要面对"为什么做""我愿不愿意做"的内心拷问。这种从理性到情感的深入，不仅帮助学生完成认知水平的提升，更有助于其道德情感的内化与稳定。例如，当学生在一次社区服务中亲身参与帮助弱势群体，他们所获得的情感体验远比课堂上听讲"助人为乐"的道理更具冲击力。正是这种体验式、自主化的学习过程，使德育教育真正走进学生心里，从而达到润物无声的效果。

综上所述，自主学习在高校德育中的应用不仅是教育方法的转型，更是教育理念的革新。它通过赋予学生更多学习的主动权与选择权，促进其从知识接受者向道德建设者转变，推动德育从"教"向"育"本质回归。未来，高校应进一步构建支持自主学习的德育课程体系，打造开放共享的教育资源平台，强化学习过程中的引导与评价机制，真正实现以学生为中心的德育教学改革。这不仅是对教育质量的提升，更是对社会未来发展的积极回应。

二、课堂内外协同的学习方式

（一）课堂引导：启发学生对道德问题的深入思考

课堂是德育教育的主阵地，是学生价值观形成和道德认知启蒙的重要场域。然而，长期以来，许多德育课堂过于注重知识灌输，忽视了对学生主体性和思辨力的培养。在课堂内外协同学习的背景下，德育课堂应实现从"讲授式"向"探究式""启发式"转变，教师应扮演"价值引领者"而非"标准答案提供者"的角色，引导学生开展多维度、多立场的道德探讨。

具体而言，德育教师可以借助案例教学、小组讨论、头脑风暴、情景模拟等方式，构建充满互动的课堂生态。例如，在探讨"网络道德与责任"主题时，教师可以设置一个热点网络舆情事件，让学生模拟新闻当事人、公众、评论员等多个社会角色，讨论"隐私权与公众知情权""言论自由与网络暴力"的冲突，引导学生在角色代入中体验道德判断的复杂性。通过这种方式，学生不仅能够学习道德知识，还能锻炼批判性思维、逻辑推理与价值辩证的能力。

此外，教师应关注学生在课堂上提出的观点、情绪和疑问，通过循循善诱的引导方式激发学生自我反思，逐渐构建其稳定的道德立场和判断标准。课堂不应是权威声音的独白空间，而应成为学生与社会、他人与自我、理论与实践之间对话的桥梁。通过这一过程，学生的认知能力与情感共鸣能力同步提升，为德育理念在生活中的内化与转化奠定了坚实基础。

（二）课外实践：将德育理念转化为有温度的真实行动

道德认知若不进入现实场景，就难以在学生心中生根发芽。课堂传授的是价值理念，而课外实践则是将理念转化为行为的试炼场。因此，课外实践不仅是课堂教学的补充，更是德育目标达成的关键环节。系统设计与组织学生参与各类社会实践活动，可实现"知行合一"的德育育人目标。

在德育教学体系中，实践可以通过志愿服务、公益项目、社区服务、社会调研、模拟法庭等形式展开。这些活动将学生置于真实社会环境中，在与他人交往、处理冲突、解决问题的过程中，学生能体会到责任、尊重、公平、诚信等道德内涵。例如，一所高校开展"乡村教育支持计划"，组织学生前往边远地区支教。学生在帮助儿童学习的同时，也深刻体验到教育不平衡的现实问题，从而将"教育公平"这一课堂理念，转化为个人对社会的责任担当。这种带有情感投入和现实挑战的经历，比任何一节课都更能激发学生对道德的理解与内化。

同时，课外实践的反馈机制也至关重要。高校应通过实践报告、反思日记、同伴评议等形式，促使学生在体验后深入反思。例如，在公益项目结束后开展的"德育成长论坛"，邀请学生分享心得、讨论困境，引导他们将具体经历上升到道德思维层面。这种"行动—感受—反思—升华"的闭环，使得德育教育不仅"走进生活"，更"融入心灵"。

（三）教学联动：构建课堂与实践互促的协同机制

课堂与课外不是两个孤立的教育空间，只有在制度层面和教学设计上实现一体化联动，才能发挥协同教学的最大效能。高校应在整体教学体系中构建起目标统一、内容衔接、评价互通的协同机制，将德育课堂内容与实践活动环环相扣，形成完整的价值教育链条。

首先，在课程设计阶段，教师应将课外任务纳入教学计划。例如，在讲授"生态文明与公民责任"课程后，安排学生参与一次校园环保实践（如垃圾分类推广或绿色生活宣传）并以此为契机开展课后反思报告撰写与课堂展示。这种"理论引导—实践验证—反思回馈"的教学流程，不仅提升了学生的参与度，还增强了教学的应用性和成效感。

其次，高校应出台配套支持制度，确保课内课外协同学习机制的持续运行。如将学生参与社会实践成果纳入学分管理体系，建立"德育积分制"或"道德成长记录档案"，对学生的德育表现进行过程性评估。再如设立"实践导师制度"，邀请校内外专家共同指导学生的课外活动，实现教学资源的延伸和融合。

最后，借助数字化手段也可打通教学场景边界。高校可以搭建德育协同教学平台，将课程资源、实践任务、在线研讨、成果展示等统一集成，形成"线上平台+线下活动"的混合式学习空间。例如，学生可在线提交调研日志、上传实践视频、参与道德议题讨论，从而实现时空灵活的"全过程、全场景、全覆盖"德育教育体系。

（四）情感与认知的融合：唤醒学生内心的道德共鸣

德育的根本在于育心，而育心必须从情感出发。课堂内外协同学习应当超越"认知提升"的浅层目标，追求"情感共鸣"与"价值认同"的深层转化。将情感体验与道德认知有机融合，是提升德育感染力与实效性的关键。

教师可以通过设计情景故事、角色扮演、情感写作等手段，在课堂上构建"代入式"体验环境，激发学生的情感共鸣。例如，通过影片《我不是药神》中的真实伦理冲突，引导学生设身处地思考"道德与法律""公益与商业"的关系，进而引发价值反思。学生在泪水与争论中完成了一次深刻的道德体验，也为后续的道德思辨奠定了感性基础。

课外活动则为这种情感共鸣提供更具现实张力的舞台。比如，参与"城市流浪者调研"项目的学生，在与流浪者的交流中，首次感受到社会边缘群体的苦楚与孤独。这种原生态的接触与碰撞，往往触动学生最深层的道德情感，激发其对公平、正义、尊重的认同。当这些情感被带回课堂，与理论学习交会时，学生所提出的观点往往更有深度、更具温度，也更容易在生活中转化为内在的行为准则。

情感与认知的双向作用，使德育教育从抽象理念走向真实体验，从道德说教走向道德唤醒。这种从"头脑认知"到"心灵触动"，再到"实践落实"的完整链条，正是课堂内外协同教学在道德教育中的价值所在。

综上所述，课堂内外协同的学习方式不仅是一种教学模式的创新，更是一种育人理念的深化。它打破了传统德育中理论与实践、教学与生活相割裂的局面，将学生置于真实的社会环境中，使其在思考、体验与行动中不断完成自我教育与道德成长。教师、课堂、实践、制度四位一体的协同机制，为学生构建起一个全面、多维的德育学习体系。

在这一模式下，学生不再是被动接受者，而是主动探索者和积极参与者。他们在课堂中建构认知、在实践中验证理念、在反思中升华情感，最终形成稳定的价值观和高尚的道德品质。未来，高校应进一步深化课堂与课外的融合机制，创新教学内容与实践路径，真正实现"知行合一、以德润心"的教育目标，为社会培养更多有理想、有担当、有情怀的时代新人。

三、自主学习的激励与支持机制

（一）构建科学多元的激励体系，激发学生的内驱力

在高校德育教学中，自主学习能力的培养不仅依赖于课程设置和教学方法的创新，更离不开有效、持续的激励机制作为制度保障。当前不少高校在德育实践中存在"重课堂、轻课外""重结果、轻过程"的倾向，导致学生在面对道德教育任务时缺乏主动性和长期参与的动力。因此，构建一个科学、系统、具有针对性的激励体系，对于激发学生内在学习动力、引导其积极参与德育实践具有重要意义。

首先，物质激励作为最直接的外部刺激形式，能够对学生的行为选择起到明

确的导向作用。高校可通过设立"德育先锋奖""优秀志愿者奖""思政先进个人"等荣誉称号，以及配套的奖学金、实践补贴、实习推荐等资源，给予在德育活动中表现突出的学生以实实在在的肯定和回报。这些激励不仅是对学生德育成果的肯定，更能激发其在集体中的荣誉感与使命感，从而形成积极向上的学习氛围。

其次，精神激励的作用更为深远。高校应注重对学生德育行为的宣传与价值引导，如在校园媒体开设"德育人物志""青春榜样说"等专栏，定期报道学生在社会服务、志愿项目中的典型事迹；组织"榜样面对面""青年讲堂"等活动，让德育先进典型走进班级、进入讲堂，激励更多学生效仿学习。通过营造"人人可参与、人人能成长"的文化氛围，使学生由"要我学"转变为"我要学"，实现德育的内在认同和自觉追求。

最后，激励机制应注重全程化设计，不仅关注学生参与活动的结果，更应涵盖其准备、过程与反思的全过程。例如，通过在德育课程中引入"成长记录卡""实践积分制"等方式，实时跟踪学生的参与情况与成长轨迹，促使学生在反复地参与评价中逐步形成内在动力，从而真正实现德育目标的深化落实。

（二）教师引导与资源支持，打造学习生态的"土壤"

教师在德育自主学习中扮演着"催化剂"和"生态营造者"的重要角色。他们不仅传授知识，更需要为学生的道德成长搭建平台、创造条件。现代德育教学要求教师跳出传统"教—学"的单向传递模式，转而成为学生思维引导、情感激发和行动支持的全能型导师。

在内容引导方面，教师应结合学科优势与学生兴趣，设计主题鲜明、情境真实的德育实践项目。例如，在"社会责任与青年担当"课程中，教师可以引导学生围绕"城市共享单车管理""校园浪费现象"等议题进行观察、调研与反思，帮助学生把道德判断转化为实践行动。在实施过程中，教师可通过研讨、点评、阶段性辅导等方式持续介入，提升学习深度和活动质量。

在资源支持方面，学校应为教师和学生搭建开放性的支持平台。一方面，整合校内外资源，建设"德育资源共享库"，涵盖主题案例、社会调研模板、优秀报告示例等，降低学生开展自主学习的门槛。另一方面，构建"在线+线下"的学习社区，如设立"道德思辨沙龙""青年志愿者俱乐部"，为学生搭建跨班级、跨年级的交流与合作平台，让德育学习从"孤岛式"走向"网络化"。

教师还应注重学生个体差异，根据其成长阶段和能力层次，提供多样化、分层次的学习指导。对学习能力强的学生，鼓励其担任项目负责人、主讲人等角色，提升其组织管理与领导能力；对起点较低的学生，提供更多陪伴式指导与鼓励，帮助其逐步建立自信和责任感。只有这种有温度、有策略的教育供给，才能真正培育出德智体美劳全面发展的高素质人才。

（三）制度设计与课程融合，打通学习的"最后一公里"

实现德育自主学习的常态化、规范化运行，必须依赖制度的系统设计和课程体系的有机融合。在传统教学体制中，课内课外往往割裂运行，导致德育实践缺乏延续性与系统性。对此，学校应从制度层面进行顶层设计，打通课堂教学与社会实践之间的"最后一公里"。

首先，建立"学分+评价"双轨并进的德育评价机制。高校可设立"德育学分"，将学生参与志愿服务、社会调研、公益活动等过程性成果纳入正式课程考核范畴，赋予其学业上的价值承认。例如，一名学生在支教活动中提交调研报告，组织公开汇报，便可获得对应的德育学分。这种做法不仅提升了学生的参与积极性，也使德育活动从"可有可无"变为"不可或缺"。

其次，在课程体系中嵌入灵活的实践模块。教师在授课中应根据教学内容设置"现实连接"任务，如课程结束后组织社会实践、主题辩论或现场采访等，将理论内容与生活实际融合，增强学生对道德问题的现实认知与紧迫感。例如，在"公共伦理"课中引导学生关注城市交通秩序，通过实地观察、数据记录与问题分析，引发其对"公共利益与个人行为"的反思。这类模块化设计既保证了教学内容的完整性，也提高了学习过程的参与度。

最后，可构建"德育成长档案"，记录学生从入学到毕业期间的德育学习成果、项目经历与行为表现。该档案不仅用于阶段性评估，也可作为学生升学、评优、就业等重要依据，激励其持续积累、主动成长。通过制度的规范与引导，自主学习才能由短期行动转化为长期习惯，实现从"任务驱动"到"价值内化"的根本转变。

（四）成果展示与经验交流，营造良好的学习氛围

一个成熟的德育支持机制，不能只关注学生的参与"过程"，更应注重学习"成果"的呈现与传播。通过设立展示平台、鼓励经验交流，可以使学生在"学中做""做中悟"的基础上实现价值的认同与再创造，进而激发更强的学习动力和社会责任感。

学校可定期举办"德育实践成果展""青年责任论坛""道德故事分享会"等活动，为学生搭建成果表达与思想交流的公共舞台。在这些活动中，学生通过

演讲、视频、调研报告、艺术作品等多种形式展现自己的实践经历，不仅增强了表达能力，也增强了道德意识的外显性和感染力。例如，一名学生以"志愿服务中的道德困境"为主题进行演讲，引发同学们对"公益初心"与"服务边界"的深度探讨。这种成果展示，不只是成果的"炫耀"，更是一次深度的二次学习过程。

此外，要充分发挥"学生讲给学生听"的互助作用。学校可以鼓励设立学生德育导师、朋辈互助小组等机制，让学生在平等对话中相互影响、彼此启发。通过分享经验、总结困境、讨论对策，学生不仅增强了解决问题的能力，也能在交流中建立自我认同与道德自信，从而形成良性、持续的学习共同体。

一个充满交流与展示氛围的校园环境，是德育自主学习持续深入的"营养场"。通过引导学生在"讲出来""写下来""演出来"的过程中不断反思与提升，不仅实现了个体成长，也塑造了校园文化的德育温度和价值张力。

综上所述，自主学习的激励与支持机制是推动高校德育创新发展的关键环节。它不仅关系到学生学习方式的转变，更关乎教育理念的更新。高校必须从制度建设、课程设置、教师引导、资源整合、成果展示等多个维度共同发力，构建一个支持性强、激励性高、参与性广的德育生态系统。通过这一系统，学生能够在课堂之外获得丰富的学习机会，在实践中深化道德认知，在探索中发展个体潜能，在交流中实现价值共鸣。

第二节　学生社团与校园文化活动的德育实践

一、学生社团的德育功能

（一）学生社团是德育教育的重要实践载体

在当前高校德育教育不断拓展和深化的背景下，学生社团作为高校校园文化建设的重要组成部分，逐渐展现出其在德育实践中的独特价值。相较于传统课堂教学的灌输模式，社团活动具有自愿性、参与性和互动性强的特点，为学生提供了一个相对自由且真实的道德实践环境。社团活动往往围绕某一特定主题或兴趣展开，涉及范围广泛，包括公益服务类、学术研究类、文体艺术类等。正是这些多样化的社团活动，为学生提供了充分锻炼组织协调能力、人际沟通能力、问题解决能力的机会，也为德育教育提供了生动、具体的落地场景。

例如，在学生志愿服务类社团中，成员们通过参与社区服务、支教活动、环保行动等，不仅切实参与到社会事务中，也在服务过程中体会到责任、关爱、公平等道德价值。这种从"做中学"的教育模式，增强了学生对社会的认知与对道德规范的情感认同，这些远比课堂上的道德讲解更具真实感与感染力。因此，学生社团不仅是高校校园生活的重要补充，更是德育教育的重要实践载体，对促进学生道德素养的养成和个体人格的完善起着不可替代的作用。

（二）社团活动与道德行为的深度融合

学生社团的日常运作和活动组织本身就是一个持续的道德实践过程。在社团的运作过程中，学生需分工协作、遵守规则、尊重他人、承担责任，这些行为都是道德教育在行为层面的自然体现。例如，一个社团策划一场校内公益义卖活动，需要考虑前期筹划、资源整合、现场管理、后续反馈等多个环节，这一过程不仅锻炼了学生的组织力和执行力，更重要的是提升了其责任意识、合作精神与集体荣誉感。

此外，社团为学生提供了反复练习道德行为的机会，使其从"道德认知"逐渐向"道德行为"转化。学生在反复的实践中形成稳定的价值判断和行为习惯，学会在面对冲突时坚持正义、在面对诱惑时坚守原则。这种基于实际问题的"行为试炼"，对于学生道德判断能力和道德行为能力的提升具有重要意义。而且，社团提供的"小环境"与"大社会"有着高度相似性，是学生进入社会前的一种"预演"。通过在社团中不断调整、反思与成长，学生能够在未来更好地适应社会，承担公民责任，做出符合道德标准的行为选择。

（三）德育教师引导社团发挥德育效能

虽然学生社团具有天然的德育潜力，但这种潜力的发挥并不是自然而然的，它需要教师（尤其是德育教师）的适度介入与引导。德育教师可扮演"顾问""导师"甚至"协调人"的角色，既不过度干预社团的自主性，又能在关键时刻提供方向性指导。通过参与社团活动的策划、组织与评估，德育教师可以将德育理念融入社团日常，引导学生在实践中主动思考和内化道德价值。

比如，德育教师可以协助社团策划主题为"诚信·我在行动"的系列活动，组织学生开展诚信调查、主题辩论、诚信签名等形式多样的内容，既贴近学生实际，又能深化其道德认知。教师还可通过开展"德育工作坊"或"社团辅导沙龙"，围绕社团成员在活动中遇到的伦理困境、组织冲突等进行研讨，帮助学生辨析道德问题，提升其道德判断力与应对策略。在这一过程中，教师由"知识灌输者"转变为"成长引导者",促进德育在学生自主组织、自我管理中实现润物无声的效果。

(四) 扩大社团德育影响力

为了让学生社团在德育方面发挥更大作用,学校需从制度建设和资源配置两个层面提供支持。首先,学校应制定明确的社团管理与指导制度,将德育目标纳入社团发展的整体规划之中。如在社团成立初期即设立"道德建设"指标,鼓励各类社团将公益元素、社会责任议题纳入活动设计,并通过社团年审、评优评先等方式推动其德育职能的发挥。

其次,应加大资源整合力度,鼓励社团与校内外组织形成联动机制,拓展德育实践的空间。例如,与社区、公益组织、企事业单位建立合作关系,开展联合活动,为学生提供更多贴近现实、具有挑战性的道德实践平台。同时,学校还可以设立"德育创新基金",支持社团自主设计德育项目,激励学生以创造性方式推动德育理念的传播。通过平台建设和资源支持,不仅能增强社团活动的现实性和持续性,也能扩大其在校园内外的影响力,使德育教育真正从"点"走向"面",从个体影响走向整体育人。

综上所述,学生社团不仅是学生展示才华、发展兴趣的舞台,更是落实高校德育教育的重要载体。其活动的多样性、自主性和实践性,为学生提供了大量接触社会、锻炼能力、提升道德素养的机会。德育教师的科学引导、学校制度的有效保障以及资源平台的持续拓展,是促进社团德育功能有效发挥的关键。

二、校园文化活动与德育目标的结合

(一) 校园文化活动是德育教育的自然延伸

校园文化活动作为高校精神文明建设的重要组成部分,具有形式多样、内容丰富、贴近学生生活的特点,是德育教育"从课堂走向生活"的重要路径。传统德育常常局限于理论灌输与规章讲解,难以激发学生的兴趣与认同感。而文化活动作为一种开放、包容、互动性强的载体,更容易引发学生的主动参与和深度思考。通过组织各类活动,如校园文艺演出、红色经典诵读、环保主题宣传、公益市集等,学校能够将抽象的德育理念转化为具体可感的体验内容,使德育教育真正"活"起来、"动"起来。

在这些文化活动中,学生不仅是观众,更是组织者与参与者。他们在活动的策划、执行与展示中,既锻炼了能力,也在无形中接受了道德熏陶。例如,在筹备一场以"诚信校园"为主题的辩论赛的过程中，学生需查阅大量资料，深入理解诚信的内涵与现实意义，并通过观点交锋，进一步形成清晰的价值判断。这种学习方式与日常教学形成有机补充，不仅提升了学生的参与度，也拓展了德育教育的触角，让道德教育在潜移默化中真正落地、生根。

（二）多样化文化平台，培养学生的社会责任感

校园文化活动的重要意义，还在于其为学生提供了一个表达思想、承担责任、关注社会的平台。在当代高校，越来越多的文化活动将视角转向社会问题，引导学生从校园走向社会、从个体走向群体，逐步建立起对公共事务的关注和责任意识。例如，以"绿色生活"为主题的摄影比赛，不仅激发了学生的艺术创作热情，也促使他们深入观察和反思人类行为对自然环境的影响。在这样的活动中，德育目标通过"社会话题化"的表达更容易与学生产生共鸣。

此外，校园文化活动能够有效激发学生的集体主义精神和团队合作能力。在一次环保公益宣传活动中，学生需分组协作完成海报设计、现场布展、宣传讲解等任务，每个环节都离不开沟通、配合与责任的落实。这种在集体中完成共同目标的过程，正是德育中"社会性"的生动体现。通过文化活动的参与，学生不再只是"接受道德规范"，还在具体实践中体会"道德行为"的意义，逐渐形成责任感、正义感、同理心等关键道德品质。

（三）发挥德育教师的引导作用，让文化活动更有"德味"

虽然校园文化活动本身具有德育潜力，但其教育价值的实现并非自动发生，仍需教师（特别是德育教师）的引导与设计。德育教师应积极介入文化活动的主题策划与内容引导，将德育理念融入活动的各个环节，使其不仅是娱乐与展示的平台，更是思想启迪与道德教育的课堂。例如，在组织一场校园短剧比赛时，德育教师可以鼓励学生围绕"代际关系""网络伦理""校园欺凌"等社会热点话题进行创作与演绎，借助艺术的形式引导学生关注现实、表达观点，并在角色扮演中进行情感体验与价值判断。

同时，德育教师还应注重活动过程中的反馈与反思，引导学生在参与之后总结感悟，升华认识。这可以通过写活动日志、开展主题交流会、组织观后感征文等方式实现。例如，一场以"爱国·奋斗·担当"为主题的朗诵比赛之后，教师组织学生围绕个人理想与国家发展的关系进行讨论与书写，不仅加深了学生对主题的理解，也促进了其思考自我与社会之间的联结。这种"参与—表达—反思"的闭环模式，有助于增强文化活动的教育性与持续性。

(四) 主题活动与价值引导的结合

校园文化活动的德育功能不仅在于传达价值观，更在于通过主题设定和过程设计，引导学生将价值理念内化为行为习惯，真正做到"知行合一"。例如，在组织"无烟校园"主题宣传周活动中，学生可以通过海报设计、话剧演出、问卷调查等形式，深入探讨吸烟问题背后的健康、公共空间伦理、同伴影响等多个层面。这种将社会议题与校园生活结合起来的活动，不仅具有现实意义，更能够促使学生对道德问题产生真实、深入的思考。

此外，将节日文化与德育相结合也是实现价值引导的有效策略。诸如清明节的"缅怀英烈"活动、国家宪法日的"法治教育宣传"、国际志愿者日的"志愿服务行动"，都可以作为德育教育的重要契机。通过仪式、纪念、志愿等形式，学生在参与中形成文化认同与道德共鸣。这种活动不需要高昂成本，却能持续产生深远影响，是校园德育活动设计中的"黄金资源"。

总而言之，校园文化活动不仅丰富了学生的课余生活，更为德育教育提供了一个充满活力的实践平台。通过文化活动与德育目标的融合，学生在真实、开放、多元的校园文化中逐渐完成从"知道该怎么做"到"愿意去做""能够做好"的转变。文化活动因其多样性、趣味性、生活化的特征，能够有效地激发学生的道德情感、提升道德认知、促进道德行为，是德育走出课堂、融入生活的重要桥梁。

未来，高校应更加系统化地规划文化活动的德育功能，鼓励教师尤其是德育工作者参与文化育人的全过程。要通过平台建设、资源整合、评价反馈等机制，把德育目标"嵌入"文化活动的主题设置、内容设计、组织实施和成效评价中，使文化活动成为学生思想政治教育不可或缺的重要一环。只有这样，校园文化活动才能真正实现育人功能，助力高校德育从"有形"走向"入心"，从"说教"走向"养成"。

三、跨学科合作与德育实践的结合

(一) 推动德育教育创新发展的多学科路径

随着高等教育理念的不断更新，单一学科主导的德育教学模式正逐渐暴露其局限性。面对日益复杂的社会现实和学生多元化的成长需求，德育教育亟须从"单线灌输"转向"多元融合"。跨学科教学理念的引入为德育教育的创新发展提供了理论支点和实践路径。通过整合社会学、心理学、法学、环境科学、人工智能伦理等多种学科知识，德育教育不仅可以获得更宽广的知识基础，还能帮助学生在多重视角中建构对道德问题的系统性理解。

例如，在分析"网络暴力"这一社会现象时，德育教师不仅要从道德伦理的角度批判其对他人尊严的伤害，还可引入心理学中"匿名效应"的理论，解释为何在虚拟环境下人们更容易脱离现实规范行事。同时，借助法学中的"网络治理"与"责任追究"知识，学生可了解行为背后应承担的法律后果，从而理性看待行为选择。这样的教学设计使德育课堂成为一个综合性思维训练场，有效提升了学生的道德敏感性、判断力与行为决策能力。

此外，跨学科路径还能够打破传统德育课堂"说教式""模式化"的弊端，让学生能够在真实情境中感受到自己的困境，在知识碰撞中构建自我价值，从而增强德育的现实关联性和实践引导力，真正实现从"知识灌输"向"价值建构"的转型。

（二）构建多学科协同的教师教学共同体

推动跨学科德育教学的深入发展，离不开教师团队的协作支持。高校应积极构建涵盖德育教师、专业课程教师、辅导员及教育技术支持人员在内的"教师教学共同体"，实现教学理念、资源、方法的联动整合。这一共同体的形成不仅有助于教学内容的拓展与延伸，更是教师专业成长和高校德育课程体系重构的核心力量。

在实践中，德育教师可联合人文社科类教师围绕"公共议题中的价值冲突"开设专题系列课程，如"技术伦理与人类未来""全球化与文化认同""人工智能与人的异化"等，通过小组研讨、专题辩论、行动研究等方式，引导学生在多学科对话中形成对道德问题的多维理解。同时，理工科教师也可作为协同成员，共同参与课程建设，如在工程伦理教学中引入实际工程事故案例，借助德育教师的伦理分析指导，帮助学生建立起"技术—伦理—责任"的系统逻辑。

此外，教师教学共同体的建设也有利于推动课程资源的开发共享和教学方法的持续创新。高校可通过建立"教师协同开发平台"，鼓励教师共建跨学科德育课程资源库，共享优秀教案、案例库和教学评价工具；开展"德育教学工作坊"或"主题教研日"，加强教师间的教法交流与经验互学，形成理念共识，提升整体教学协同效率。

（三）跨学科构建学生德育成长的真实情境

德育的最终落脚点在于行为的养成，而不仅是理念的传递。因此，将跨学科德育嵌入学生的真实社会情境，是提高其实践能力与价值认同的关键环节。通过"问题驱动—学科协同—真实介入"的教学设计，让学生以行动者身份进入现实场域，不仅可以锻炼其解决问题的综合能力，更在教育过程中锤炼其道德意识与责任担当。

例如，某高校联合新闻传播学院、法学院与德育课程组开设"网络公域伦理挑战"实训课程，邀请学生组成项目团队，对校园网络中的"谣言传播""网络暴力""隐私泄露"等现象进行系统调查，并结合伦理标准、法律规范、公共政策提出改进建议。该项目不仅要求学生掌握信息收集与分析技能，还需对公共利益、权力边界、媒体责任等核心伦理问题进行深度剖析。在最终的成果汇报中，学生不仅会展示技术方案，更需在"道德立场表达"模块中自述参与经历中的情感转化与责任意识生成。

这种基于真实问题、跨学科合作的学习模式，有效实现了从"理论掌握"到"立场表达"再到"行动选择"的完整德育路径，使学生在与世界互动的过程中构建自我伦理立场，从而真正完成"做中学、学中思"的道德内化过程。

(四) 构建全景式育人格局

跨学科德育的最终指向，不应仅局限于课程或项目层面的教学改革，而应上升为一所高校的育人哲学与组织文化。从全局视角审视，当代高校德育亟须构建一种"全景式育人格局"，即通过制度、课程、文化和评价等多维联动，将德育内涵嵌入学生大学生活的全过程、各方面，实现从点状培养到系统塑造的转型。

这一格局要求打破"德育=思政课"的狭隘认知，将"价值教育"嵌入所有课程之中，使每一位教师都成为学生道德成长的引路人。譬如，在经济学课堂上，教师可引导学生思考"市场失灵"背后的伦理困境；在工程设计课程中，设置"安全性与成本控制"的道德决策题；在医学实训中，引导学生反思"知情同意"与"紧急救治"之间的权衡取舍。每一门课、每一次实训、每一个团队项目，皆可成为学生思辨道德、锤炼人格的"德育场域"。

与此同时，学校还应建立覆盖全生命周期的德育支持系统，从新生入学教育到毕业前的社会责任训练营，从班级导师到校友导师，从德育成长档案到毕业道德素养认证，形成"价值教育贯穿全过程"的育人链条。在这一链条中，学生不仅是学习者，更是价值探索的参与者、公共议题的回应者和社会变革的推动者。

通过打造这一全景式育人格局，德育将不再是一门独立的课程、一项单一的任务，而是一种"润物无声"的教育生态，一种贯穿日常学习与人生选择的价值实践，真正实现了"为学、为事、为人"的统一。

综上所述，跨学科协同为高校德育教育注入了新的活力与可能。它不仅拓展了德育的视野和内容，也优化了德育的形式与路径。通过打破学科边界、整合教育资源、构建实践平台，高校能够培养学生多角度思维、多维度分析与综合判断的能力，从而提升其道德认知的深度和广度，提升整体育人质量。

第三节 学生德育评价与成长档案管理

一、德育评价体系的设计与实施

（一）重新审视德育评价的意义与价值

德育评价不仅是衡量学生道德成长状态的工具，更是引导德育教学方向、提升育人质量的核心机制。长期以来，德育评价往往停留在"纪律良好""品行端正""无违纪记录"等模糊、静态的标准上，导致其功能局限、导向模糊。在应试教育影响下，部分学校甚至将德育评价与"操行分""出勤率"简单挂钩，使其失去了原本关注学生内在发展、激发道德自觉的应有作用。

要真正发挥德育评价的教育价值，必须重新审视其内涵与功能。一方面，德育评价是道德教育活动中的"导航器"，不仅要评估学生是否掌握了道德知识，更要关注他们在生活实践中是否做到了"知行合一"。这种评价应涵盖学生的道德认知（知道什么是对的）、道德情感（对善与恶是否有感受与认同）、道德意志（是否有坚持正义、抵制诱惑的勇气）以及道德行为（在真实情境中能否做出正当选择）等多个维度。

另一方面，德育评价还应具备"引导—诊断—激励"功能，即在评估中激发学生内在的道德追求、帮助其发现自身在品格成长中的优势与短板，并通过正向反馈引导其持续完善自我。这种发展性、引导性功能，远比简单的"评价优劣"更具教育意义。因此，德育评价的本质是为了"育人"，而非"评人"；是过程的陪伴与方向的修正，而非结果的判定与标签的固化。

（二）构建多元参与的综合评价机制

传统的由教师主导的单一评价模式，难以全面真实反映学生在不同环境下的德育表现。构建一个科学、合理、多元参与的综合评价机制，是实现德育评价公平性、全面性与有效性的关键。

首先，应拓展评价主体，构建"学校—学生—同伴—家庭"四维评价网络。教师的专业评价提供了权威指导，但难以覆盖学生所有生活场景；而学生的自我评价则能帮助其进行内省反思、明确自身成长目标；同伴之间的互评可以揭示学生在团队协作、人际交往、日常行为等方面的真实表现；家长评价则反映了学生在家庭中的品德行为与习惯养成。多元主体的融合，能够消除"单一视角"的局限性，为学生德育发展构建出更立体、真实的评价画像。

其次，应丰富评价方式，实现定量与定性、过程与结果的有机结合。在量化层面，学校可以设立行为观察指标体系，如"文明礼貌行为频率""公共规则遵守率""志愿服务参与时长"等，为评价提供可操作的数据依据；而在质性方面，则可通过学生成长档案、道德情境写作、德育反思日志、小组汇报、访谈录音等方式收集丰富的非结构化信息，以补充量化指标无法涵盖的深层变化。这种评价方式的多样化不仅提高了德育评价的灵活度与适应性，也增强了学生的参与感和获得感。

（三）关注过程性与发展性，建立过程性评价机制

道德教育是一项"润物细无声"的长期工作，其成效往往不在短期内显现，因此评价体系必须超越"一次性测量"的思维模式，建立起动态追踪、持续反馈、循序渐进的过程性评价机制。

这种机制首先要体现在持续性的评价工具上。例如，学校可为每位学生建立"德育成长档案袋"，涵盖德育目标设定、自我评估记录、社会实践成果、教师评语、家长反馈等多个模块，每学期进行更新、总结并向学生反馈，使其能直观感受到自己的进步轨迹。这不仅是学生品格成长的历史记录，也是一种强有力的激励机制。

其次，应构建周期性反馈与指导体系。德育教师要定期组织德育反馈座谈，邀请学生分享个人成长体验与困惑，并给予针对性的指导建议。同时，对表现突出或进步明显的学生进行鼓励性表扬，对存在偏差的行为进行及时引导和帮扶，从而将评价过程转化为持续互动、动态优化的德育引导过程。

更重要的是，发展性评价必须注重"个性化"。不同学生的成长基础和道德敏感性存在差异，评价标准不应"一刀切"，而应根据学生的个性特征和发展阶段，采用差异化、弹性化的标准进行引导。如对内向型学生，可关注其在公共场合是否逐步敢于表达正义观点；对行为偏差学生，应重在引导其自我觉察和持续改善的意愿。只有这样，德育评价才能真正成为推动每一位学生向"更好的自己"迈进的动力源。

（四）德育评价与社会实践的有机融合

德育的根本目的不是让学生"说得好"，而是"做得到"，即把道德知识和情感内化为稳定的行为模式。因此，将社会实践与德育评价深度融合，是评价体系科学化与实效化的重要方向。

首先，应确立"以行观德"的实践导向。学校可设立"社会责任项目库"，将各类公益行动、志愿服务、社区调研、环保倡议等纳入德育实践范畴。每项活动前应设定明确的目标与行为标准，活动后组织学生进行自评、互评与教师点评，确保评价环节的制度化与科学化。

其次，鼓励多形式、多载体呈现德育成果。如学生可以通过制作短视频、开展汇报演讲、提交调研报告、撰写成长故事等形式，展现自己在实践过程中的体验、思考与成长轨迹。这不仅丰富了评价依据，也增强了德育实践的过程记录与沉淀作用。

最后，社会实践中的"挑战情境"本身就是检验学生道德素养的"试金石"。如学生在组织公益活动中是否考虑到公平性？在团队合作中能否坚持原则与协同共赢？在面对失败或分歧时能否体现担当与自省？这些在具体情境中的表现，应作为评价的重要维度加以记录与分析。

德育评价不应是对结果的"打分"，而应是育人过程的"助推器"。它既要具备公平科学的标准体系，也要体现人文关怀与成长导向。在新时代高校德育改革背景下，科学构建"多元主体参与+多样工具支撑+动态过程追踪+社会实践结合"的综合评价体系，是实现高质量育人的关键所在。

只有当评价真正"评价成长"而非"裁判对错"，学生才能从中获得真实的情感认同和道德启迪；只有当评价成为一种"有温度"的教育语言，它才能真正推动德育从"知"到"行"，从"外化规范"向"内在品格"的深度跃迁。

二、德育成长档案的建立与管理

（一）德育成长档案的意义与价值

德育成长档案作为学生道德发展历程的系统记录工具，其作用早已超越了简单的材料归档，更成为新时代高校德育工作精细化、个性化、过程化发展的重要支撑。传统的德育评价方式多依赖教师的主观印象或一次性成果，忽视了学生道德素养在长期积累中的动态变化。而德育成长档案的建立，恰恰能弥补这一短板，全面而真实地反映学生在不同阶段的德育表现和道德认知变化。

档案的价值在于"全过程、全方位、全员参与"的记录机制。它不仅包括课堂表现，还涵盖社会实践、志愿服务、主题教育、同伴评价、道德反思等多个维度。学生在其中不再是被动接受者，而是积极的参与者、记录者和反思者。通过档案记录，学生能够清晰地看到自己的德育成长轨迹，明确自身的优势与短板，在阶段性反馈中不断完善自我。同时，档案的建立也为教师精准施教提供了依据，使德育指导不再是"一刀切"的泛化管理，而是基于学生个体特征展开的"因人而异"的教育过程。由此，德育成长档案不仅具有管理功能，更体现出教育过程中的"育人"本质。

（二）信息化技术赋能德育档案管理

在数字化教育不断推进的背景下，信息技术为德育成长档案的建立与管理提供了强有力的支持。传统的纸质档案存在管理分散、更新滞后、内容不系统等问题，而借助信息化手段，可以实现档案的动态更新、数据整合与智能分析，使档案管理更加高效、精准与个性化。

高校可以基于校园管理平台开发"德育成长记录系统"，为每位学生建立专属电子档案库。系统可分类汇总学生的课程成绩、课堂表现、志愿服务时长、社会实践反馈、道德评价等级、个人反思日志等内容，并与教学管理系统、学生事务系统、志愿服务平台实现互联互通，确保数据的完整性与实时性。同时，系统应开放权限管理，允许学生自主上传个人材料、填写成长日志、参与在线评价等，真正实现"学生主导、教师引导"的互动机制。德育教师则可以通过系统随时查看学生的成长数据，对学生的道德发展状况做出及时分析，开展一对一指导或阶段性谈话，提高教育的针对性和有效性。

信息化还可通过可视化手段，将学生成长轨迹以图表或动态方式呈现方式展示，让学生"看得见自己的成长"，增强其成长过程的直观性与参与感，从而激发其内在的道德发展动力。这不仅提高了档案的实用性，也增强了学生参与德育的主动性与责任感。

（三）档案内容设计：实现德育记录的全面性与多样性

德育成长档案的核心，在于记录内容的全面性与科学性。一个有效的成长档案，应能涵盖学生德育发展的多个维度，既注重行为表现，也关注内在认知和情感体验。内容设计应体现以下几个方面。

首先是道德认知和价值观念的形成情况。通过学生撰写的道德反思日志、参与主题班会的感悟记录、课堂讨论中的发言内容等，反映其对道德问题的理解与态度。其次是行为表现，如参与志愿服务、学生干部职责履行、社团组织能力、公共场所礼仪等，可以通过照片、视频、活动记录表等形式加以呈现。再次是道德评价反馈，包括教师评价、同伴互评、自我评价等，形成立体式的道德行为画像。最后是成长计划与目标设定，鼓励学生设立个人德育目标并定期检视，以形成"设定—行动—反馈—优化"的成长闭环。

此外，德育成长档案的内容不应追求"千篇一律"，而应尊重学生个性与成长节奏的差异。可鼓励学生选择自己感兴趣的社会问题，自主策划并参与德育项目，在记录过程中凸显个人特质。这种多样化的内容设计不仅使档案成为展示个体成长的窗口，也体现了以学生为中心的育人理念。

（四）德育教师在档案管理中的引导与反馈

德育教师作为德育成长档案的指导者与管理者，在整个系统中扮演着至关重要的角色。他们不仅负责学生档案内容的审核与评价，更承担着发现问题、提供反馈、引导方向的教育任务。在实际操作中，教师应结合学生的阶段性记录，对其道德发展状况进行科学分析，针对性地给予建议和鼓励，帮助学生正确认识自身成长中的优势与不足。

教师还应通过"成长访谈"或"德育辅导"形式，围绕学生档案内容开展个别指导。如在发现某位学生长期缺乏道德反思日志或社会实践记录时，应及时与学生沟通，了解原因并给予激励措施；而对那些持续表现突出的学生，也应给予充分肯定，并推荐其参与更高层次的校园治理或社会实践项目。这种"以档案为媒介"的持续性沟通机制，不仅能增强教师对学生的全面了解，也有助于构建良好的师生关系，提升德育工作的实效性和"温度"。

此外，教师应将档案评价与学期总结、学生评优评先、助学奖励申请等工作结合起来，使学生真正意识到德育档案的现实价值，从而提高其参与积极性。同时，应鼓励学生以档案内容为基础，开展自我展示与交流，让"记录"变成"发展"，让"反馈"变成"动力"。

总之，德育成长档案的建立与管理，不是简单的材料积累，而是高校实现学生个性化德育引导、科学化育人管理和全过程育人目标的关键举措。它让德育教育从碎片走向系统，从静态走向动态，从结果导向转向过程支持，使学生在持续反思与成长中不断提高道德认知和社会责任意识。

未来，高校应加快推进德育档案制度的建设，完善信息化平台，丰富档案内容，健全评价机制，同时强化教师队伍的专业培训与协作能力，真正构建起"人人可记录、事事可评价、时时有反馈、处处能成长"的德育支持体系。只有将德育成长档案融入学生日常学习生活全过程，德育教育才能真正落地生根、开花结果，助力青年学子成长为具有健全人格、坚定信仰与社会担当的时代新人。

三、德育评价与成长档案的反馈机制

（一）德育反馈机制的价值与功能

在现代教育理念中，评价不仅是检验学生学习成果的工具，更是促进学生持续成长与教学不断优化的核心环节。德育评价与成长档案作为德育教育中的两项基础制度，其功能早已不再局限于"记录"与"评分"，而应通过科学的反馈机制将静态数据转化为动态的育人过程。通过有效的反馈，评价结果才能真正"活起来"，服务于学生的发展和教师的教学改进，形成"评—用—改—进"的良性循环。

德育评价的本质是育人，而非简单打分。若评价之后缺乏反馈环节，不仅学生无法从中获得明确的成长方向，还会削弱评价的意义。成长档案则承担着记录与激励的双重职能，反馈机制的嵌入能够帮助学生持续关注自我变化，引导其在反思中明确道德目标、在行动中修正不足，逐步实现从"他律"到"自律"的德育过渡。此外，反馈还是建立学生、教师与家长之间沟通桥梁的重要方式，它能使德育过程由单向传输走向多元互动，增强德育工作的开放性和实效性。

（二）多层级反馈机制的构建路径

建立科学的德育评价与成长档案反馈机制，需要系统设计多层级、多形式的反馈方式，实现个体化、阶段性、连续性的有机结合。首先，在反馈对象上，应覆盖学生本人、教师群体和家长三方主体。对于学生个人，应通过"一对一谈话""德育手册批注""成长档案总结"等形式，让学生清晰了解自己的道德表现，找准努力方向；对于教师团队，应定期召开德育数据分析会议，总结共性问题、优化教学设计；对于家长，应定期推送学生德育表现报告，引导家庭教育与学校德育协同联动。

其次，反馈方式应体现差异化与针对性。面对不同年级、不同阶段的学生，反馈内容与方式应有所侧重。例如，低年级学生可以侧重行为规范、集体意识、基本礼仪的表现反馈，而高年级学生则应突出社会责任感、道德判断能力等深层次内容。同时，反馈不仅限于文字记录和分数等级，也可辅以行为观察记录、案例点评、成长档案展示等多种形式，使反馈更具体、生动、可感。

最后，反馈机制应强调过程性与周期性。学校可以设置每月简要反馈、每学期综合反馈、每学年成长总结的多频次反馈节奏，使学生能持续跟踪自己的德育发展轨迹，从而形成持续改进、自我完善的积极循环。

（三）个性化反馈助力学生自我认知与行为调整

在德育评价反馈中，个性化是提升反馈有效性的关键要素。不同学生在道德认知水平、行为习惯、社会情感发展等方面存在较大差异，因此"一刀切"的反馈方式往往无法准确触及学生的个体需求。个性化反馈则关注学生的独特经历和成长路径，通过定制式的反馈语言和内容，引导其开展深层次的自我认知与目标设定。

比如，对于一个在社会实践中表现突出的学生，教师不仅应表扬其参与度和责任感，还可进一步指出其在团队沟通或项目总结上的不足，并给予切实建议；而对于一名在课堂上较为沉默但道德思考能力较强的学生，反馈中则应鼓励其在更多公共情境中表达自己的观点，增强参与意识。这种个性化反馈，能够提升学生的情绪价值认同和行为调整意愿，有效增强德育评价的教育性和激励性。

此外，个性化反馈还可结合学生自评与同伴评价，形成"自我—他人—教师"的三重视角交会，帮助学生更全面地了解自我。这种多维反馈能够避免片面性与主观偏差，让学生在多元评价中不断澄清价值观，建立起更加稳固的道德认同体系。

（四）从评价数据中提炼问题，推动教学反思与改进

反馈不仅是学生成长的镜子，更是教师教学的参照。成长档案和德育评价结果中所体现出的共性问题、阶段性变化和个体差异，是教师不断优化教学策略、调整教育内容的重要依据。通过系统分析反馈数据，教师能够识别出当前德育教学中的薄弱环节，有针对性地开展改进。

例如，某班级德育档案中显示多数学生在志愿服务参与率低、社会责任感内容反思不足，这提示教师在课堂教学与实践安排中尚未有效建立道德知识与社会实践的联系。对此，教师可以调整教学内容，将社会热点问题引入课堂，如开展"网络时代的公民责任"专题讨论，同时强化实践项目的组织与引导，从而提升学生的现实关怀与道德实践能力。

学校层面也可将学生的德育反馈数据汇总分析，形成年级、专业或校级的德育发展报告，为课程改革、活动设计、制度建设提供科学依据。正是通过这种基于反馈的"数据驱动型德育改进"，德育教育才能从经验走向科学，从主观走向理性，从局部优化走向系统提升。

德育评价与成长档案的意义，不仅在于"评了什么""记了什么"，更在于"做了什么""改了什么"。唯有建立科学、系统、个性化的反馈机制，才能真正让评价成为促进学生成长与优化德育教学的双向工具。通过多主体参与、多维度呈现、多频次反馈，学生得以持续地反思与进步，教师得以精准地施教与改进，学校得以科学地决策与提升，从而构建起以"反馈驱动"的德育教育新格局。

第八章　高校德育协同教学的数字化转型

随着信息技术的迅猛发展，数字化浪潮正深刻改变着教育的组织方式与教学形态，传统德育教学也面临转型与重构的迫切需求。高校作为思想政治教育的主阵地，其德育工作正从以教师主导、课堂讲授为核心的线性模式，向以学生为中心、多主体参与、线上线下融合的协同教学模式演进。在这一过程中，数字化转型不仅是技术手段的更新，更是教育理念的革新与育人机制的重塑。它通过打破时间与空间的限制，实现教学资源的智能整合与高效共享，为德育教学提供了更为广阔的实施空间和更具个性化的育人路径。同时，数字化手段也推动了德育过程的全程可视、互动反馈与精准评估，使协同教学从传统的"并行参与"迈向"深度协同"。因此，研究高校德育协同教学的数字化转型，不仅是顺应教育现代化趋势的现实选择，也是提升德育实效性，创新育人模式，培育时代新人的战略举措。

第一节　智慧校园环境下的德育协同教学平台

一、智慧校园的定义与发展趋势

（一）智慧校园的内涵

智慧校园是信息时代教育发展的重要成果，是数字技术与教育深度融合的集中体现。其核心在于通过云计算、大数据、物联网、人工智能等现代信息技术，构建一个数据互通、资源整合、服务智能、管理高效的教育生态系统。与传统校园相比，智慧校园不仅在基础设施上实现了信息化升级，更在教育理念与教学方式上发生了根本性变革。它强调"以学生为中心""以数据为驱动"，致力于打造覆盖教学、科研、管理、生活全场景的数字化空间，为学生提供个性化学习路径，为教师提供精准化教学服务，为管理者提供科学决策依据。

在德育工作中，智慧校园的构建为道德教育注入了新的活力。传统德育往往依赖于课内授课和集中管理，缺乏即时性、互动性和个体针对性。而智慧校园的环境则打破了时空限制，使得德育活动可以随时随地开展，教学资源得以共享更新，评价机制趋向智能精准。这一教育生态的重构，不仅优化了教学流程，也为实现"三全育人"目标奠定了坚实基础。

（二）智慧校园对德育教育的支持与重塑

随着智慧校园的不断完善和普及，德育教育的开展方式也在逐步转型与升级。在智慧校园环境下，德育教师可以借助信息化平台实现课程内容的即时推送、德育活动的智能管理、学生行为的过程记录以及教学反馈的动态调整。例如，通过德育管理平台发布主题教育视频、组织在线研讨、开展德育打卡等活动，不仅丰富了教学形式，还增强了学生参与的趣味性和连续性。

同时，智慧校园为教师提供了精准分析学生思想动态的数据支撑。借助大数据分析技术，教师可以及时了解学生在课程学习、社会实践、行为表现等方面的情况，从中发现潜在的问题和需求，从而进行个性化引导与干预。此外，AI助手、智能问卷、互动平台等工具，也为教师与学生之间构建起更加开放、便捷的沟通通道，形成高效、持续、协同的育人互动模式缺成分。

对于学生而言，智慧校园不仅提升了德育的可达性与可感知性，也加强了自我管理与自主学习的能力。学生可以通过移动终端随时查阅德育资源、参与讨论、完成自我评价，实现从"被动接受"向"主动成长"的角色转变。德育不再局限于课堂一隅，而是成为伴随学生校园生活全过程的重要组成部分。

（三）智慧校园建设中的技术平台与工具应用

智慧校园的构建依赖于多个层次的技术平台与应用工具的协同支持。在德育领域，这些平台主要包括在线德育教学系统、学生成长记录系统、智慧班级管理系统、德育资源共享平台等。例如，学生成长记录系统可记录学生在参与志愿服务、社会调研、班级事务等方面的德育表现，并通过数据分析帮助教师全面了解学生的德育发展轨迹；而智慧班级管理系统则支持家校共育功能，家长可以及时了解学生在校德育情况，与教师共同探讨育人策略。

在具体应用中，德育教师可以通过云课堂平台开设德育课程或专题讲座，上传教学课件、视频资源，引导学生在线学习、留言讨论。也可以利用移动App推送德育知识、新闻热点等，引发学生对现实社会问题的思考与关注。诸如"学习强国""青年大学习"等国家级平台，也为智慧校园内的德育内容提供了权威、丰富的资源支撑。

此外，智能评价工具也为德育考核提供了科学依据。通过在线问卷、行为打分系统、同伴互评平台等方式，能够实现多元化、立体化的德育评价体系建设，为学生提供更全面、及时的德育成长反馈。

（四）智慧校园引领德育的未来发展趋势

面向未来，智慧校园将进一步推动德育教育朝着更开放、更精准、更协同的方向发展。首先是"泛在学习"的实现，即学生可以在任何时间、任何地点通过数字设备获取德育内容、参与德育活动，从而打破时间与空间的限制，实现"随时随地育人"的目标。其次是"个性化教育"的深化，通过人工智能和学习分析技术，实现对学生道德发展水平的精准识别与分层指导，满足不同学生的差异化需求。

此外，"协同育人"的格局也将在智慧校园中日益成熟。借助信息平台，教师、家长、辅导员、学生乃至社会组织能够实现信息互通、任务协同、评价共建，共同参与学生德育过程。这种多主体联动的模式，有助于打破德育"孤岛"，形成家庭、学校、社会"三位一体"的德育合力。

最后，随着虚拟现实（VR）、增强现实（AR）等新兴技术的发展，德育教育有望呈现出沉浸式体验、情景模拟教学等创新形态。学生可以"身临其境"地参与历史事件模拟、伦理困境体验、社会问题探讨，在互动中激发道德认知与责任意识，进一步提升德育实效。

二、德育协同教学平台的构建

（一）德育协同教学平台构建的时代背景与现实需求

在当前教育数字化转型加快推进的时代背景下，德育作为高校立德树人根本任务的核心组成部分，正面临前所未有的发展机遇与现实挑战。随着智慧校园建设的不断深化，信息技术、大数据、人工智能等新兴技术正被广泛应用于教学与管理之中，推动教育理念、教学方式和评价体系的深层次变革。传统以灌输为主的德育教学方式，已难以适应新时代学生思维活跃、兴趣多元、学习行为高度自主的特征，教学过程中的互动性、个性化和实效性亟待增强。尤其是在德育过程中，学生不仅需要知识传授，更需要价值引导、情感共鸣和行为支持，而这些仅靠传统课堂显然无法全面实现。

与此同时，高校德育工作日益呈现出系统化、综合化、多主体协同的特征。德育不仅是教师的任务，也需要辅导员、家长、校外德育导师、社会实践机构等多元力量共同参与。然而，在现实操作中，由于信息孤岛、资源分散、协同机制不完善等问题，德育工作往往效率不高、效果难以量化，学生的成长轨迹也缺乏系统化管理。为此，构建一个覆盖德育全过程、打通课内外空间、连接多方育人力量的"德育协同教学平台"，已经成为时代赋予高校德育工作的重要使命。

该平台不仅能够提供丰富的德育课程资源，实现按需推送与个性化学习，还可以搭建实时交流与反馈机制，提升师生、生生、校家之间的互动频率与质量。同时，通过数字化记录与数据分析，还能动态追踪学生德育发展过程，精准识别成长短板，及时开展针对性干预与引导，真正实现"育人全过程、管理全链条、服务全覆盖"。可以说，德育协同教学平台的构建，不仅是高校适应信息社会、提升德育实效的必然选择，更是深化教育治理体系现代化、实现德育工作高质量发展的关键路径。

（二）整合资源、促进互动、支持成长

为了切实发挥德育协同教学平台在高校德育体系中的核心作用，其建设不应仅停留在技术层面，还要体现育人本质、回应现实需求、引导学生成长。明确平台功能模块与运行架构是构建工作的首要环节，它不仅要成为技术融合的工具，更应成为思想政治教育理念落地的重要载体。平台的设计理念应围绕"资源集成化、教学活动多元化、学习过程数据化、反馈机制动态化"四大目标展开，通过系统性设计推动教学、管理与评价的整体协同，打造一个以学生为中心、以成长为导向、以数据为支撑的德育教育新生态。

在资源集成方面，平台应打破传统教学资源孤岛的局限，建立内容科学、结构合理的德育资源中心，包括德育课程库、德育案例库、优秀实践案例展示库、政策文件与理论文献库等，涵盖思政理论、历史文化、心理调适、公民意识、公益环保等多领域内容。教师可以依据不同教学主题快速选取资源，学生也可根据兴趣和需求自主学习，实现"千人千面"的差异化德育内容供给。

在教学活动组织方面，平台应支持对多种教学形式的无缝整合，如在线课程、专题讲座、实时研讨、任务驱动式学习、德育反思日志等，既满足理论教学的系统性，又兼顾实践环节的参与性。教师可以在平台发布德育主题任务、社会调研项目或志愿服务计划，学生可提交成果、展示过程、记录反思，实现课内外、线上线下的联动融合。

互动模块的构建要注重对学生参与感与归属感的激发。平台应内嵌包括课程留言板、学生论坛、德育议题讨论区、小组协作空间、直播答疑等模块，为学生提供表达观点、互动分享、协同合作的多元空间。同时，平台应搭载智能分析系

统，自动跟踪学生的课程完成度、实践参与度、反思频次等行为数据，并可为教师生成个性化教学建议和学生德育画像，帮助精准施教与分类指导。

反馈机制作为德育协同教学平台的核心闭环，必须实现评价主体的多元化与反馈过程的连续性。平台应支持学生自我评价与反思成长报告、同伴之间的互评与交流、教师的专业点评以及家长的成长反馈，多角度呈现学生在德育发展中的进步轨迹与阶段成果。同时，可将这些评价结果融入学生德育成长档案，实现数据驱动的动态成长管理。通过科学、全面、持续的反馈机制，激发学生主动参与德育活动的热情，强化其道德认知、情感共鸣和行为自觉，真正实现"以评价促发展、以发展强育人"的教育目标。

（三）线上线下融合，打造德育教学"立体空间"

德育协同教学平台的构建不仅仅是"把教学搬到线上"这么简单，它更重要的使命是打破原有德育教学在空间、时间和资源使用上的壁垒，构建起一个多维交织、互动紧密的"立体空间"，实现线上与线下、课堂与生活、学校与社会的深度融合。这种融合意味着德育不再是课表上的一门课程，而成为学生日常学习与生活中的一种贯穿性存在。平台借助信息技术的力量，拓展了德育教育的边界，让德育从"教室四壁"中走出，走向"指尖可达"的学习场景，也走向"脚步可及"的社会实践空间。

在线上，学生可以随时查阅德育资源，如课程视频、案例分析、道德故事、专家讲座等，也可以参与在线讨论、提交心得体会、参加主题挑战，实现"随时学、随处学、主动学"的育人模式。同时，平台通过个性化推荐系统，为不同学习风格和兴趣的学生推送契合的内容，让德育教学更具温度与针对性。而在线下，平台则延伸成为组织实践活动的强大引擎。教师可以通过平台发布活动方案、组建实践小组、安排任务流程，并实时跟踪学生参与状态、材料上传与成果展示。这种线上线下互补互动的协同机制，极大提升了德育活动的组织效率与育人效力。

以某高校开展的"青春与责任"德育主题实践为例，平台不仅实现了前期筹划、中期执行、后期反馈的全流程支撑，还让学生的思考不止于活动本身，而能通过线上反思记录和师生互动持续延伸，从而形成完整的价值内化链条。这一"线上互动+线下行动+平台支撑"的复合型教学模式，使德育教学从点状走向系统、从静态走向动态、从单向灌输走向双向建构，真正打造出育人全过程、全时段、全场景的"立体空间"。

（四）教师角色的转变与平台应用能力的提升

随着德育协同教学平台的不断普及与深入，教师的角色已不再局限于传统意义上的"知识讲授者"，而是在平台支持下，向"课程设计师""数据解读者""学习促进者"和"育人共建者"多重身份转型。这种角色的重构不仅要求教师具备更加开放和综合的教育视野，更对其信息技术应用能力、教学内容整合能力以及教育管理协调能力提出了更高标准。

首先，教师应全面掌握平台各项功能，包括在线课程发布、资料上传、任务管理、在线评估、学习数据分析等模块，做到"用得了、用得好、用得活"。这不仅关乎教学效率的提升，更关乎学生是否能在一个高效、流畅的学习环境中展开自主学习。同时，教师还应注重教学内容与技术工具的有机融合，在设计教学活动时，能够基于平台特点进行功能优化与形式创新，如借助数据分析功能进行动态分层教学、利用问卷与日志进行过程性评价、通过虚拟课堂与在线直播实现远程德育共育等。

其次，教师需要具备对大数据结果的敏锐洞察力。平台所沉淀的学习数据，不只是"记录"，更是指导教学改进、识别学生特征、精准教育干预的重要依据。教师应学会利用平台生成的学习行为报告、实践成果档案、参与度热力图等多维数据，洞察学生在德育发展上的倾向与薄弱环节，及时调整教学策略，为学生提供更有温度、更具实效的个性化德育指导。

最后，教师也需在平台上发挥"协同中枢"的作用。德育教学本就不是凭一人之力可完成的任务，需要教师联合校内外育人资源共同构建协同育人生态圈。教师应积极调动心理健康教育、思政课程、学生管理、社会实践等各方力量，在平台内协作开展跨学科德育主题项目，形成资源共建、课程共研、育人共担的新格局。通过设立平台工作坊、主题协同项目组、师生共建模块等机制，教师在育人工作中实现真正意义上的"由个体作战向团队协同"的转型。

唯有实现教师角色的主动转变，德育协同平台才能从"技术工具"跃升为"教育引擎"，真正推动德育教育从理念到实践的系统跃迁，助力培养具有思想深度、道德定力和社会担当的新时代青年。

三、数字化工具在德育教学中的应用

（一）数字化工具推动德育教学方式的转型

在传统德育教学中，课堂讲授始终是主要形式，教师主讲、学生被动听讲的模式难以激发学生的思维与参与热情。而在智慧校园环境下，数字化工具的应用极大地推动了德育教学的方式转型，实现了教学内容的灵活传播、教学过程的实时监控、教学反馈的即时呈现。借助在线学习平台，如雨课堂、超星学习通、钉钉课堂等，教师可以提前上传德育课程资源，包括教学视频、案例分析、图文材料等，学生可以按需学习、自由安排学习进度，实现个性化、自主化的道德学习。

此外，数字化工具使教学更加开放与共享，打破了时间与空间的限制。例如，某高校通过建设"数字德育云平台"，将思想政治理论课、专题讲座、名师公开课等德育资源统一整合，学生不仅可以随时随地访问，还可以根据个人兴趣选择课程模块进行深入学习。此类平台通常还支持弹幕互动、线上答疑、小组讨论等功能，激发学生参与热情，增强德育内容的时代感与亲和力。这种学习方式不再是线性传授，而是以学生为中心，提供多路径、多入口的成长体验，使德育从"课堂灌输"走向"生活融合"。

（二）教学互动与学习反馈的数字化升级

数字化工具的另一个重要优势，在于实现了教学过程的可视化与反馈机制的智能化。以在线作业系统、学习进度追踪工具、行为数据分析平台为例，教师可以实时掌握每一位学生的学习状态，包括课程浏览时间、参与互动次数、作业提交情况、反思日志内容等。这些数据的积累与分析，不仅有助于发现学生在德育学习中的薄弱环节，也为后续个性化指导与辅导提供了坚实依据。

在此基础上，教学反馈也不再局限于期末一次性总结，而是贯穿于教学全过程的即时反馈。例如，教师在学生观看完某一德育主题视频后，可设置小测验或讨论题，引导学生在线发表观点并互评，系统自动生成参与度评分与文字分析，让师生在互动中形成有效闭环。这种即时化的反馈方式，提高了学生对德育内容的关注度与反思力，也增强了教师教学行为的针对性与效率。

同时，平台中的错题本、学习曲线图、成长报告等工具，帮助学生清晰了解自身学习情况，在不断对比与回顾中调整学习策略，强化道德理念的认同与行为习惯的培养，实现从"外在引导"到"内在驱动"的育人目标。

（三）在线测评工具赋能道德素养评价

在德育教学中，如何科学地评价学生的道德素养、价值认同和社会责任感，一直是难题。传统道德评价往往停留在教师主观印象或行为表现记录层面，缺乏系统性与科学性。而数字化工具，特别是在线测评系统的引入，使德育评价工作变得更加精准和可操作。

通过在线问卷、思政素养测试、案例选择判断题、情景模拟题等形式，教师可以周期性地开展针对性测评，全面了解学生在道德认知、情感态度和行为倾向等方面的变化。例如，某高校开发"思政素养在线测评系统"，每学期开展两次针对社会主义核心价值观理解、责任感体现、集体意识等维度的结构化测试，并生成个人与集体德育画像，便于教师有针对性地调整教学重心，同时也使学生对自身的道德状态有更清晰的认知。

此外，基于大数据技术，平台还可以在长期数据跟踪中发现学生道德发展中的变化趋势和潜在问题，为班主任、辅导员、德育教师等育人力量提供预警信息。通过这一系统性的评价与追踪过程，德育教学不再流于表面，而是实现了科学、动态、发展性的全面评估。

（四）丰富教学内容与增强学习体验的多元工具

数字化工具的应用，还极大丰富了德育教学的内容形态与呈现方式，提升了学生的学习体验。在智慧校园环境下，VR/AR技术、微课制作工具、德育小游戏、互动问答系统等新型数字工具被引入课堂，使德育内容更具沉浸感与趣味性，激发学生学习兴趣与参与欲望。

例如，利用虚拟现实技术，可以设计一堂"模拟社会冲突与道德抉择"的德育课，学生以第一视角进入情境，在权衡利弊中做出道德判断。这种"沉浸式学习"远比传统讲授更具冲击力，能有效提升学生的道德感知与决策能力。又如，教师利用微课工具将复杂的德育理论浓缩为3~5分钟的短视频，并配合图文卡片、知识闯关、在线问答等形式，帮助学生在碎片化时间中高效学习，实现"点滴浸润、日积月累"的育人效果。

通过这些创新工具的引入，德育教学不再枯燥僵硬，而变得生动、可视、可体验，更容易被新时代学生接受和吸收，从而增强德育的感染力与实效性。

总体而言，数字化工具已成为推动高校德育教学现代化、精准化、智慧化的重要力量。从课程资源的开放共享，到教学互动的持续反馈，从德育评价的科学精准，到学习体验的沉浸升级，这些工具不仅拓展了德育教学的空间与形式，也重塑了德育教学的理念与逻辑。

第八章　高校德育协同教学的数字化转型

第二节　在线课程与混合式教学的应用

一、在线课程在德育教学中的优势

（一）打破时空限制：提升德育教学的可及性与灵活性

在线课程作为数字化教育的重要形态，最显著的优势之一就是打破了传统课堂的时间与空间限制。在以往的德育教学中，学生只能在特定时间、特定地点接受固定内容的教育，缺乏灵活性和连续性。而在在线课程环境下，学生可以根据个人时间安排，在任何地点、任何设备上进行学习。这种"随时随地"的学习模式，极大地拓展了德育教学的覆盖面，使更多学生能够在个性化、弹性化的环境中接受德育教育。

这种灵活性不仅满足了不同学生的学习节奏，也有助于解决传统课堂中"讲一遍听不懂、错过就失去"的问题。通过对课程的反复观看与阶段性学习，学生能够根据自己的理解进度进行多次回顾，加深对德育理论的掌握。此外，对于部分学习能力较弱或缺乏德育兴趣的学生来说，在线课程的自由节奏和可控性能够减轻他们的心理负担，提高学习积极性。在智慧校园和数字化教育不断推进的今天，在线课程已成为德育教学与现代学生生活节奏无缝对接的桥梁。

（二）多样化内容呈现：增强德育课程的吸引力与实效性

传统德育教学以课堂讲授为主，形式单一，内容缺乏视觉冲击力与互动性，往往难以引起学生的共鸣。而在线课程则能够借助多种媒体资源与数字技术，实现德育内容的多样化呈现，从而增强其吸引力与感染力。视频讲解、音频素材、动画演示、图文结合、情景模拟等多元表达方式，可以让原本抽象的德育理论变得生动、可感。

例如，在讲解"诚实守信"的主题时，教师可以在在线课程中引入真实案例短片、社会热点事件分析或影视片段导入，引发学生情感共鸣与价值判断。再通过问题引导、小组在线讨论等方式，让学生自主发表观点并进行互动。这种集"信息传递—情感唤醒—理性思辨"于一体的教学结构，更能激发学生的学习兴趣和内在道德认同。

此外，在线课程平台通常还配有测验练习、学习打卡、课程讨论区等功能，促使学生在完成知识学习的同时进行即时巩固与反馈。多维内容结构的支持，有效提升了德育课程的学习效果，也为教师创新教学方法提供了广阔空间。

（三）自主学习与个性化发展：增强学生主体意识

在线课程最核心的优势之一在于支持学生开展真正意义上的自主学习。与传统教学中以教师为中心的"被动接受"模式不同，在线德育课程强调学生的学习主动性，鼓励他们根据个人兴趣与成长需求选择学习路径、控制学习进度、设置学习目标。这种"以学生为中心"的教学理念，有助于激发学生的学习热情，增强其参与意识与道德责任感。

比如，学生可以选择感兴趣的主题课程，如"大学生与社会责任""网络道德与言论自由""生态文明与可持续发展"等，结合实际问题进行探究与思考。在完成学习任务的过程中，他们不仅获得了道德知识的积累，更重要的是逐步形成了自主探究、独立思考和自我管理的能力。这种能力的提升不仅有助于德育目标的达成，也对学生的长远发展和人格塑造具有深远意义。

在线课程平台也可为学生提供学习记录、成长档案和个性化推荐机制，根据学习情况进行动态内容推送和学习反馈，帮助学生不断优化学习路径，构建专属的德育成长地图。这种以个体为中心的教学支持，使德育教育真正落地于每个学生的实际需求与成长阶段。

（四）促进教学协同与内容管理的效率提升

对于德育教师而言，在线课程平台不仅仅是教学内容展示的渠道，更是教学管理和协同互动的重要工具。教师可以通过平台批量上传课程视频、发布教学通知、安排讨论话题，并实时掌握学生的学习动态。这种集中化、系统化的教学管理方式，大大提高了教师的工作效率和教学组织能力。

更为重要的是，在线课程使不同教师之间的资源共享与教学协同成为可能。教师可以在平台上互相观摩教学内容、共享教学案例、联合开展跨学科德育项目。例如，思想政治课教师可以与心理健康教育教师联合开设"大学生价值观与心理成长"系列课程，在统一平台下实现资源共建与师资协同。这种跨专业、跨课程的协同教学模式，不仅拓展了德育教学的深度与广度，也为学生提供了更为综合、多维的德育学习体验。

此外，平台所提供的数据记录功能也有助于学校进行德育教学评估与改进。

通过对课程点击率、学习完成率、学生参与度等数据的分析，教师与教学管理者可以及时掌握教学效果，调整课程设置，优化教学策略，推动德育教学不断迭代与进步。

综上所述，在线课程作为数字化教育的重要组成部分，在德育教学中展现出强大的优势。它不仅突破了时间和空间的限制，提高了教学的灵活性和可达性，还通过多样化教学内容、个性化学习路径与高效的教学协同，显著提升了德育教学的质量与实效。对学生而言，在线课程提供了自主成长的平台，有助于道德意识的激发与行为习惯的养成；对教师而言，它为教学内容的丰富化、管理的科学化、合作的系统化提供了有效工具。

随着智慧校园建设的不断深入，在线课程将在德育教学中发挥越来越重要的作用。高校应进一步加强德育课程平台建设，完善课程内容体系，强化教师的信息素养培训，推动在线德育课程与线下活动的深度融合，真正实现"线上引导+线下实践"的德育一体化教学模式。只有这样，才能在数字化教育的浪潮中，把握机遇、创新路径，培养出具备坚定信仰、高尚品德和强烈责任感的新时代青年。

二、混合式教学模式的实施与效果

（一）混合式教学模式的概念与实践基础

混合式教学模式，作为新时代教育理念与技术融合的产物，是一种将传统面授教学与数字化在线学习相结合的教学方式。这一模式在德育教学中的引入，不仅是教学手段的更新，更是教学理念的转型。在传统德育课堂中，教师往往扮演着"讲授者"的角色，而学生则被动接受内容，教学形式相对单一、互动性不足，难以激发学生深层次的思考。而混合式教学则突破了这一局限，将"面对面"与"屏对屏"有效融合，形成"线下讨论+线上学习+自主反思"的教学新生态。

在具体实施中，德育教师可以通过课前布置在线课程任务，让学生自主观看德育主题视频、完成预习测试或道德案例分析，然后在课堂上组织小组讨论、辩论或角色扮演等形式，激发学生的思维碰撞和价值观澄清。课后，学生还可利用平台进行延伸阅读、反思性写作或参与在线交流。由此，教学从"教师中心"走向"学生中心"，从"单一传授"转向"多维互动"，极大提升了教学的活力和实效。

(二) 面授教学在混合式教学模式中的核心地位

尽管数字化工具提供了丰富的教学资源和便利的学习手段，但面授课程在混合式教学中的地位依然不可替代。尤其在德育教学中，面对面交流带来的情感传递、思维激发与价值引导，是任何技术手段所难以完全取代的。教师通过课堂语言、非语言沟通、现场引导，能够更直接地引发学生对道德问题的情感共鸣与理性思辨。

混合式教学中的面授环节，不再是单向知识灌输，而是学生深入讨论、表达观点、激发批判思维的主场。教师通过引导学生分析道德困境、社会热点、现实案例，引发学生对"应该怎么做""为什么这么做"的追问，从而帮助其建构自我价值体系。例如，在一节"网络行为与道德责任"的课堂上，学生可围绕"网络暴力事件"进行情景模拟与价值分析，不仅提高了其参与度，也强化了对社会责任与网络伦理的理解。这种课堂教学为德育理论与生活现实之间搭建了桥梁，使学生在体验中思考、在思考中成长。

(三) 在线学习赋能个性化德育路径

混合式教学模式中，线上学习部分为学生提供了极大的灵活性与个性化空间。学生可以根据自己的节奏安排学习时间，选择感兴趣的课程内容进行深入学习，完成自我测试与知识拓展。这一过程不仅提升了学生的自主学习能力，也使德育教育更加贴合学生多样化的学习需求与成长阶段。

在线课程平台通常具备丰富的教学功能，如视频讲解、互动练习、知识图谱、实时答疑等，不仅增强了学习的趣味性，也方便学生在不同场景中持续学习。例如，学生在课余时间可利用碎片化时间学习"大学生诚信体系建设""青年与时代使命"等德育模块，通过案例分析、情景模拟、价值判断等内容，加深对道德理念的理解与认同。此外，平台还可以根据学生的学习行为生成数据报告，帮助教师及时掌握学生的学习状态，实现精准教学与个性指导。

更重要的是，线上平台为学生提供了安全、自由的表达空间，尤其在涉及价值冲突、敏感话题时，学生更愿意通过线上渠道发表观点、提出疑问，教师也可据此设计更具针对性的线下教学内容，推动线上线下教学的高效协同。

(四) 教学效果与学生综合素养的提升

混合式教学不仅优化了教学流程，更显著提升了学生的综合素养，尤其在自主学习能力、道德判断力、批判性思维和责任意识方面表现突出。通过线上学习获取理论基础，通过线下课堂深化理解，通过实践活动验证价值，学生在多维学习中逐渐形成系统的道德认知和稳定的行为习惯。

教学实践表明，采用混合式教学的德育课程在学生满意度、参与度、学习成效等方面均表现优于传统模式。许多学生表示，这种教学方式"更贴近实际""更有参与感""更能引发思考"。而教师也能在教学反馈中发现学生在价值观建构中的个体差异，从而进行更具温度和针对性的教育引导。

此外，混合式教学促进了校内外教育资源的联通，使学生能够在真实社会情境中运用所学。例如，在完成"生态文明教育"主题模块后，学生可以在线上进行理论学习，线下组织环保志愿服务活动，再在线完成反思日志或短视频分享，实现"理论—实践—再认知"的闭环式德育体验。这种教学成果不仅表现在成绩上，更体现在学生思想品质、责任态度和行为自觉等多方面的正向发展上。

混合式教学模式在德育教育中的应用，是高校推进教学改革、实现立德树人根本任务的重要实践路径。它通过将传统面授教学的引导与互动优势，与数字化学习的灵活与多元资源相结合，打破了德育教学的固有边界，为道德教育注入了新活力。随着技术手段的不断进步与教学理念的持续演变，混合式教学将在德育教学中发挥越来越重要的作用。

未来，高校应进一步推动课程内容设计与技术平台的深度融合，强化教师混合教学能力的培训与支持，完善课程评价与反馈机制，构建"线上学习—线下互动—社会实践—反思总结"四位一体的德育教学体系。唯有如此，德育教学才能真正贴近学生现实、回应时代命题、引领思想成长，培养具有道德自觉和社会责任的高素质青年群体。

三、在线课程与实践活动的有机结合

（一）推动德育教学由"知"向"行"转变

在线课程为德育教育提供了丰富的理论资源和多样化的学习方式，但德育的根本目标并不仅仅在于知识的掌握，更重要的是将道德理念转化为实际的行为选择和社会责任的自觉承担。因此，在线课程与实践活动的有机结合，正是当前德育教学发展中的关键突破点。通过将课堂理论与社会实践相连接，学生不仅能够更好地理解德育知识的现实意义，也能在真实的生活中检验和应用这些理念，实现从"知"到"信"再到"行"的转化。

融合教学理念强调"学中做、做中学",使得学生的德育学习不再局限于被动接受,而是在任务驱动、情境体验中逐步建立自我道德认知。这种模式不仅提升了教学的生动性和互动性,也为学生提供了自我成长与社会适应的桥梁。在德育教学的实际运行中,教师可以将在线课程设置为学习前的知识输入阶段,再通过设计与课程主题相匹配的实践任务,引导学生进入情境,参与社会实践,最终实现价值认同的内化与行为习惯的养成。

(二) 连接课程内容与社会现实

要实现在线课程与实践活动的有效融合,教师必须在课程设计上精心布局,确保理论学习与实践内容的内在一致性和逻辑连贯性。具体来说,教师可围绕课程核心价值主题,设定具有针对性和操作性的课后实践任务,如组织学生参与社区服务、环保宣传、志愿帮扶、公益筹款、社会调研等项目,让学生在服务他人、参与公共事务的过程中体会责任、理解公平、提升公德。

例如,在学习"诚信与责任"相关德育课程后,学生可以被安排参与一次校园诚信调查项目,深入了解同龄人对诚信问题的看法,撰写调查报告并在课堂上进行展示与反思;又如,在学习"环境伦理"模块后,可组织学生参与社区环保志愿活动,让他们在动手清理垃圾、开展宣传的过程中体会环保行动的重要性,并记录自己的心理感受与行为反思。

这些课后实践活动不仅使课程内容跳出书本,更帮助学生将所学知识与自身经验相结合,实现价值观在行动中的"落地"。此外,实践活动还能增强学生的团队协作能力、沟通能力与项目管理能力,提升其整体社会适应素质,真正实现"教书育人"的双重目标。

(三) 实践反思与线上展示相结合,构建德育学习闭环

单纯地参与并不足以实现道德素养的提升,反思与总结同样重要。在在线课程与实践活动的结合中,教师应注重引导学生对实践过程进行深度反思,并借助数字平台完成经验的内化与表达。反思环节可通过在线撰写日志、小组分享、线上答辩、成果展示等多种方式进行,使学生在反复审视中深化理解、升华认知。

例如,在参与完一次社区志愿服务后,学生需在平台上提交个人反思报告,回顾服务过程中的所见所闻、所思所感,分析道德冲突、情感波动及其应对策略。这些反思材料不仅是学生德育成长的重要依据,也为教师后续的指导与评价

提供了真实、丰富的素材。平台还可设立"优秀实践展示"模块，鼓励学生上传照片、视频、海报等作品，进行德育成果的可视化呈现和公开展示，激发学生的参与积极性与荣誉感。

在这一过程中，线上平台不再只是"学习工具"，而是成为师生互动、经验分享、思维碰撞的多功能空间，有效实现了教学的"学—做—思—评"闭环，推动德育教育在信息化环境中实现深度融合与质效双升。

（四）教学评估的优化，实现过程性与发展性评价

德育教学的成效评价，一直是教育工作中的难点。而在线课程与实践活动的结合，为构建更加科学、全面的德育评价体系提供了新的思路。在混合式教学背景下，教师不再仅仅以考试分数作为学生德育水平的体现，而是通过在线学习记录、任务完成情况、实践参与度、反思质量以及集体协作表现等多维指标对其进行动态、过程性的综合评估。

教师可以借助学习平台对学生的学习行为进行数据追踪，如视频观看时长、答题正确率、讨论活跃度等，从中评估其理论掌握情况；同时，通过分析实践报告质量、参与深度、同伴互评等内容，判断学生在实践中的表现与成长水平。评价方式不再局限于教师打分，还可以引入学生自评、组内互评、实践指导教师评价、社会服务对象反馈等多主体评价机制，提升评价的全面性与公正性。

这种多维评价体系有利于精准识别学生德育发展的优势与短板，为后续教学调整与个性化指导提供数据支持，也促使学生从结果导向转向过程意识，在自我监控与反思中实现持续改进，真正将德育理念内化为稳定的品格与行为准则。

在线课程与实践活动的有机结合，是德育教学顺应时代发展的必然选择。它不仅拓宽了德育的内容边界，也重构了教学逻辑与育人路径，将抽象的道德理念具象化、情境化、生动化，使学生在真实的社会体验中增强道德感知、提升行为能力、强化责任意识。这种融合教学不仅提升了德育教学的吸引力和感染力，更激发了学生内在的价值认同与行动动力。

第三节　大数据分析在德育效果评估中的应用

一、大数据在德育教育中的作用

(一) 大数据背景下德育教育的变革契机

随着教育数字化、智能化进程的加快，大数据技术已经深度渗透到教育管理、教学实施与学习评价等多个方面。对于德育教育而言，大数据的介入不仅意味着工具层面的升级，更预示着德育理念和教学方法的一次深层变革。传统德育评价往往依赖教师主观判断和期末考试成绩，数据来源单一、分析方式粗放，难以全面、动态地反映学生的真实道德发展状态。而大数据技术凭借其强大的信息采集、整理与分析能力，能够打破这一瓶颈，帮助教育者以更科学、全面的方式理解学生德育成长的全过程。

大数据的应用，不仅提高了德育教育的信息可视性与过程可控性，更使教学策略的调整有据可依。通过对学生在课堂中的参与频率、作业完成情况、在线平台的学习轨迹、实践活动的参与表现等多维数据的整合与分析，德育教师可以获得对学生价值观念、行为倾向、道德判断等方面的立体画像。这种以数据驱动为基础的教学决策，不仅提升了德育教学的精准度，也增强了教育干预的针对性与实效性。

(二) 通过多维数据采集构建学生德育画像

要实现大数据在德育教育中的有效应用，首先要从数据采集环节入手，构建涵盖多场景、多维度的学生德育数据体系。相比于一般课程，德育教育更注重过程性与行为性的指标，因此，仅靠传统的课堂成绩远远不够。通过现代化的信息平台和智能管理系统，学校可以采集学生在学习、社交、参与、表达等多方面的数据，以构建个性化、动态化的德育成长档案。

例如，在在线德育课程平台中，系统可以自动记录学生观看课程视频的时长、互动答题的正确率、参与讨论的频次与质量；在班级日常管理中，教师可以记录学生在集体活动中的参与情况、表现评语；在社会实践中，平台则可整合志愿服务时长、实践成果提交情况与导师反馈。这些原始数据经过汇总后，可构成一份"德育画像"，反映学生在不同环境中展现出的道德态度与行为模式。对于教师而言，这一数据不仅是教学评价的依据，也是后续分类指导、个别辅导的重要参考。

通过将多源数据整合入统一系统中，还可实现对整个班级、年级甚至学校层面的德育现状分析。教师可据此识别出某一阶段的共性问题，如学生社会责任感普遍较弱、参与实践热情不足等，为集体教学策略的调整提供依据，也使德育管理由经验驱动转向数据驱动。

（三）数据分析助力精准化德育教学设计

在拥有了全面、动态的德育数据之后，如何通过科学分析加以利用，成为提升教学质量的关键。借助大数据分析工具，教师可以将原本分散、琐碎的数据进行归类、筛选与建模，从而挖掘出学生行为背后的深层规律。例如，通过对学生在线学习行为与课堂表现的关联分析，可以发现哪些学习策略更易激发学生的道德认同感；通过对学生参与志愿活动前后德育测评结果的对比，可判断实践教学的具体成效。

这些分析结果不仅可以指导教师更合理地设计教学内容和形式，还能帮助其选择更适配的教学节奏与引导方式。针对道德认知较低的学生群体，可以设置更多情景模拟与案例研讨；对于参与度不足的学生，则可通过线上问卷了解其态度与需求，并制定个性化引导方案。这样一来，德育教学真正实现了"因材施教"，避免了"一刀切"的教学模式，推动了学生道德素养的逐步提升。

与此同时，数据分析还可以服务于德育教育的宏观规划。学校管理者可以通过平台大数据对比历年学生德育指标的变化趋势，分析课程设置、活动安排、教师配备等因素对德育成效的影响，从而优化资源配置，提升整体育人水平。

（四）反馈机制优化德育教学闭环

德育教育的有效性不仅取决于教学内容的设置与过程的管理，还需建立及时、有效的反馈机制。大数据技术的引入，使这一反馈过程更加客观、高效与动态。在传统模式下，教师往往在期末通过问卷调查或个别谈话了解学生的变化，这种反馈方式滞后且片面。而借助数据平台，教师可以实时掌握学生的学习动态和行为变化，并通过可视化图表进行展示，从而做出及时、合理的教学响应。

例如，在某一主题教育单元中，系统显示学生参与讨论数量急剧减少，教师可以据此判断教学内容是否缺乏吸引力，或是学生存在共性认知障碍，从而及时调整课程节奏或引入相关热点话题；又如，通过分析学生提交的德育日志中情绪词语的使用频率，教师可以初步判断其情感状态，并及时给予心理疏导与道德引导。

这种数据化反馈机制不仅有助于学生的自我认知和自我提升，也增强了教师的教学掌控力。学生通过成长档案可实时查看自己的学习进展与行为反馈，形成正向激励；教师则在系统的支撑下实现教学行为的动态调整，推动教学内容的持续优化，从而构建起完整的"目标—实施—反馈—再调整"的教学闭环。

大数据技术的深度融入，为德育教育带来了前所未有的发展契机。它突破了传统德育"感性经验主导""评价粗放化"的瓶颈，使教育决策、教学实施与成效评估更趋科学、精准和高效。通过对学生行为、态度、成长轨迹的动态记录与智能分析，德育教育实现了由"共性推动"向"个性引导"的根本转型，育人效果更加贴近学生真实需求，也更具实质性与可持续性。

二、德育评估指标的量化与可视化

（一）从"难以衡量"到"可度量"：德育评估的时代课题

长期以来，德育教育的评估一直面临"重过程、轻评价"的问题。相比于知识型课程明确的考核标准，德育中的诸如社会责任感、道德判断力、集体主义精神等指标相对抽象，难以通过传统的纸笔测验或单一的课堂表现进行全面评价。因此，许多教师和管理者在评价学生德育成效时，往往只能依赖主观印象或有限的行为观察，导致结果片面，难以反馈实际育人成果。随着教育信息化和大数据技术的快速发展，这一问题正在被逐步破解。

大数据技术的引入，使得德育评估进入"量化+可视化"的新时代。通过对学生在校内外学习平台、社会实践、志愿服务、德育课程参与等多维度行为数据的采集与分析，原本难以量化的德育指标得以转化为具体的行为表现与趋势变化。数据不再是零散片段，而是成为连接教学设计、学生成长和教育管理的重要桥梁。这一变革，使得德育从"经验式管理"向"数据驱动决策"转变，进一步推动了德育教育科学化、规范化、精准化发展。

（二）关键德育指标的量化方法与实践路径

实现德育指标的量化，首要任务是明确可评估的核心维度，并基于可观察的学生行为进行具体化设计。目前，高校普遍关注的德育维度主要包括：道德认知、社会责任、集体意识、规则意识、自律能力等。对于这些指标，教师可通过构建行为量表、制定评分标准、设置评价情境等方式，将抽象的德育目标转化为操作性强的观察点。

例如，"社会责任感"可以通过学生参与公益活动的频次、持续性、反馈报告的深度，以及在小组合作中的角色承担来衡量；"道德判断力"则可通过线上案例分析题、小组辩论表现、情景模拟问卷的结果来呈现；"集体主义精神"可通过班级活动参与度、协作行为记录、同伴互评意见等体现。这些数据可以借助信息平台进行系统收集和处理，再根据权重模型形成学生个人德育素养量化分值，进而辅助教师完成分层指导与动态管理。

此外，一些高校已尝试设立"德育成长积分"系统，将学生的日常德育表现分门别类纳入评估体系，按项目记录积分，并与奖学金评定、优秀学生推选、个人成长档案建设等相挂钩。这种量化方式不仅增强了德育评价的可执行性，也激发了学生积极参与德育活动的主动性和自觉性。

（三）数据可视化技术在德育管理中的应用价值

在完成对学生德育数据的采集与量化之后，如何让这些信息真正发挥作用，便需要借助数据可视化技术。可视化不仅是对数据的图形化表达，更是一种将抽象信息转化为可识别、可解释和可操作知识的思维工具。通过图表、雷达图、趋势曲线、热力图、行为地图等可视化形式，德育指标的变化趋势、群体差异、个体特点等信息可以被直观呈现，极大地方便了教师、管理者和学生自身的理解与应用。

以"学生德育成长雷达图"为例，教师可以清晰地看到某一学生在五大德育维度中的发展水平与成长轨迹；通过"班级德育行为热力图"，班主任可以发现班级中德育活跃区域与薄弱环节；利用"年级德育数据对比柱状图"，学校管理层可以识别不同年级、不同专业在德育成效上的差异，为课程调整和政策制定提供数据支持。这些图形不再是孤立的数据，而是成为沟通教师、学生与家长的桥梁，推动形成更加精准、透明、有效的德育育人生态。

可视化技术的优势还在于增强反馈机制。教师可以基于图表向学生展示其阶段性成长成果，增强其成就感与方向感；学生也可以通过图形回顾自己的行为与表现，形成更明确的自我认知，激发持续改进的动力。

（四）从"量"到"质"：德育数据应用的深度拓展

虽然量化与可视化极大提升了德育评估的科学性，但数据本身并不等于价值，真正的教育意义在于对数据的解读与应用。德育教学必须在量化数据的基础上，结合个体差异与教育情境，开展有温度、有深度的教学反思与个性化指导，方能实现从"数据展示"向"教育行动"的转化。

例如，一位学生在社会实践中的参与次数较少，初看可能是责任感弱，但深入分析数据可发现其参与时间主要集中在课业高峰期，同时该生在课堂讨论中极为积极，这提示教师需关注其时间管理与活动匹配的问题，而非简单归因于态度问题。又如，一个学生德育总分中"规则意识"项得分低，通过学生日志可发现其对规章制度存在认知偏差，教师便可针对性开展"规则与自由"主题教育，强化其法治意识。

此外，教育者还需通过数据分析识别"隐性问题"与"发展潜能"，如行为偏差预警、情绪波动识别、品格优势挖掘等，推动德育评价由"结果呈现"向"过程引导""前置干预"延伸。这种由浅入深的数据应用能力，是德育教师在数字化时代必须具备的重要素养。

德育评估的量化与可视化，不仅是教育技术发展的结果，更是教育理念革新的体现。它使得原本"无法衡量"的德育素质转化为可以观察、可以追踪、可以比较的成长指标，为教育者开展科学育人提供了坚实的支撑，也为学生的自我认知与持续成长注入了新动力。在数字化教育背景下，这一变革将越来越成为高校育人体系的重要支柱。

三、个性化反馈与教育策略优化

（一）大数据赋能德育反馈的精准化转型

在传统德育教育中，反馈往往以"统一标准"进行，教师面对班级几十名学生，难以对每一个学生的思想动态与德育表现做出精准判断。多数反馈停留在课堂表现、作业完成情况等表层信息上，导致学生无法全面了解自己的德育成长状况。而大数据技术的引入，打破了这一僵局。通过对学生在德育课程中的在线学习轨迹、互动行为、作业完成质量、社会实践参与度等进行深度分析，教师可以获得更完整、更具个体差异的信息，为每一位学生量身定制反馈意见，实现真正意义上的"因人而异、精准指导"。

这种个性化反馈，不仅可以让学生更清晰地了解自己在道德认知、行为规范、责任意识等方面的优势与不足，还能增强其自我认知能力和成长动力。例如，通过数据可视化呈现学生在德育活动中参与频率的变化趋势，辅以文字点评，学生能够直观看到自己的进步与短板；而对于某些对反馈敏感的学生，个性化反馈也能降低其抵触情绪，提高接受度和行动力，从而提升反馈的育人效能。

（二）识别个体差异，定制个性化教学策略

基于大数据分析的德育评估，不仅有助于教师识别群体趋势，更能精准定位个体差异。在德育课堂中，学生的价值观认知、道德判断能力和社会责任感的形成受个体经验、家庭背景、认知发展阶段等多重因素影响，同一教学内容往往会引发不同的理解与反应。借助大数据，教师可以识别学生在德育学习中表现出的多样性，如学习偏好、参与热情、反馈方式等，进而制定更符合个体发展需求的教学策略。

例如，对于在集体活动中经常缺席、在线学习活跃度不高的学生，数据分析可能揭示其缺乏归属感或对德育课程认同度不高。对此，教师可以安排更多小组讨论、情景演练等沉浸式互动环节，引导其融入集体；而对于表现优异但道德反思深度不足的学生，则可设置更具挑战性的任务，如社会调研、道德困境模拟等，促使其深化理解、提升思辨力。这种从"看似统一"的课堂教学中提炼出的"个体差异"，正是实现精准德育的关键所在。

（三）提升弱势学生的德育参与表现

个性化反馈的最大价值之一，在于它为表现相对薄弱或易被忽视的学生提供了"第二次机会"。这些学生在传统德育评价中往往因缺乏突出表现而被边缘化，甚至被贴上"德育薄弱"的标签，长此以往，容易产生自我否定与成长停滞。而通过大数据动态分析，教师不仅可以及时发现这些学生的潜在优势，还能更好地把握其行为背后的成因，从而采取更具温度与策略性的教育干预措施。

例如，某些学生在课堂上不爱发言，但在线上学习平台中却频繁参与匿名讨论、提交高质量评论，这表明其具备较强的道德认知能力与表达意愿。教师可以据此安排非面对面的表达任务，如撰写反思日志、录制道德观点短视频等，逐步建立其自信心。又如，有学生在德育测评中成绩偏低，但在社会实践活动中体现出责任感强、团队意识好，教师可通过强化其实践机会、鼓励其带领同伴开展活动，提升其整体德育水平。通过有针对性地支持与引导，弱势学生不仅能实现能力提升，也能在成长中感受到尊重与鼓励，真正实现"一个也不能少"的教育理念。

(四) 教育策略优化：从数据到教学的闭环构建

个性化反馈不仅是对个体学生的回馈，更是教学策略优化的依据。借助大数据分析，学校和教师能够获得德育教学的多维视角，深入了解当前教学内容的适应度、教学方法的有效性、活动设计的吸引力，从而为德育课程体系和实施路径的优化提供数据支持。教师可以定期整理学生学习行为和反馈数据，开展班级层面或年级层面的德育分析报告，从数据中提取共性问题与亮点经验，推动教学内容与学生需求的动态匹配。

例如，若多名学生在"诚信教育"模块中反映收获不大，数据分析显示视频观看率低、讨论参与率下降，教师可考虑是否内容设计缺乏现实性或互动性，进而进行调整，引入真实案例、法律后果解读或校内外联合活动；若某些实践活动的参与热度高、反馈质量好，教师可将其转化为"德育精品模块"，形成长效机制。此外，教学团队还可通过共建共享平台互相交流数据与策略，形成以数据为基础的教研共同体，实现德育教育从"个体努力"向"系统协同"的跃升。

大数据时代为高校德育教育提供了新的思维方式与操作工具，其中个性化反馈和教育策略优化的结合，是提升德育实效性的重要支点。通过数据驱动下的深入洞察，教师不仅能够更全面地了解学生的道德发展状态，还能够制定出更具针对性的教学策略，为每一个学生提供适切的成长路径。德育教育因此不再是一种大而化之的集体行为，而是走向精细化、动态化和人本化的新阶段。

参考文献

[1] Seyla Benhabib, Situating the Self：Gender, Community and Postmodernism in Contemporary Ethics, New York：Routeledge, 1992.

[2] Agamben：Sovereign Power and Bare Life, Trans, Daniel Heller-Roazen, Stanford：Stanford University Press, Giorgio, 1998, Homo sacer, 187.

[3] Appadurai, Arjun, Fear of Small Number：An Essay on the Geography of Anger. Durham, D. C.：Duke University Press, 2006.

[4] [美] 乔治·H. 米德. 心灵、自我与社会 [M]. 赵月瑟译. 上海：上海译文出版社，1992.

[5] [德] 阿克塞尔·霍耐特. 为承认而斗争 [M]. 胡继华译. 上海：上海人民出版社，2005：135.

[6] [美] 埃里克·H. 埃里克森. 同一性：青少年与危机 [M]. 孙名之译. 北京：中央编译出版社，2016：166.

[7] [美] 肯尼思·J. 格根. 关系性存在：超越自我与共同体 [M]. 杨莉萍译. 上海：上海教育出版社，2017：218-219.

[8] 檀传宝，王啸. 中外德育思想流派 [M]. 北京：人民教育出版社，2015：448.

[9] Thomas Lickona. Education for Character：How Our School Can Teach Respect and Responsibility, New York：Bantam Books, 1991, 452.

[10] Alan Lockwood. What Is Character Education? In The Construction of Children's Character, ed. By Alex Molnar, NSSE, Chicago, 1997, 176.

[11] 涂丽萍. 高校德育共同体建设的生态路径选择——来自怀特海和杜威的启示 [J]. 广西社会科学，2014（6）：201-205.

[12] 郑航. 儒家德育传统：由关系主义向关系理性的超越 [J]. 华南师范大学学报（社会科学版），2018（1）：91-97+190-191.

[13] 董雅华. 论思想政治教育共同体的建构 [J]. 思想理论教育，2017（11）：52-57.

[14] 任少波，楼艳. 论高校德育共同体的三重意蕴 [J]. 高等教育研究，2018

（8）：86-90.

[15] 董杰．论思想政治教育共同体的建构［J］．宁夏党校学报，2012（3）．

[16] 曹红玲．实效视角下的高校思想政治教育共同体研究［J］．中共山西省直机关党校学报，2018（1）：38-40.

[17] 戴锐．思想政治教育共同体的运行机制与发展战略［J］．思想政治教育研究，2014（30）6：9-12.

[18] 李才俊．建立高校思想政治教育生态共同体［N］．光明日报，2015-3-19（7）．

[19] 叶飞．公共交往与公民教育［M］．北京：人民出版社，2014：5.

[20] 冯建军．公民的当代境遇与公民教育的路径选择［J］．探索与争鸣，2012（11）．

[21] 檀传宝．培育好公民——中外公民教育比较研究［M］．杭州：浙江教育出版社，2016.

[22] 檀传宝等．中国公民教育评论（2017版）［M］．北京：社会科学文献出版社，2018.

[23] 黄世虎，莫佳思．论社会分化背景下的思想政治教育自觉共同体建设［J］．学术探索，2019（2）．

[24] 胡晶晶．思想政治教育学科共同体探析［J］．思想政治教育研究，2010（2）．

[25] 金林南，孙晓蕾．思想政治教育学科范式研究的若干思考［J］．思想理论研究，2013（6）．

[26] 钱广荣．试论思想政治教育命运共同体——基于思想政治教育学科创新发展的整体性视野［J］．思想教育研究，2016（3）．

[27] 朱玮．高校德育创新研究［M］．北京：北京教育出版社，2023.

[28] 苏少丹．高校德育实践研究［M］．北京：中国纺织出版社，2022.

[29] 马华华．高校德育的传承与创新［M］．北京：北京工业大学出版社，2021.

[30] 徐晖．高校德育教育创新发展研究［M］．北京：九州出版社，2024.

[31] 李瑾．当代高校德育资源运用研究［M］．苏州：苏州大学出版社，2024.

[32] 陈建伟．高校德育的传承与创新研究［M］．北京：北京工业大学出版社，2022.

[33] 马晨曦，王雅欣．高校德育教育与心理健康教育研究［M］．北京：中国纺织出版社，2023.

[34] 宋晓宇．高校德育工作创新与发展研究［M］．北京：北京燕山出版社，2023．

[35] 李长平，王利梅，蒋廷阁．高校德育教育创新发展研究［M］．北京：中国商务出版社，2023．

[36] 于文新．新时代高校德育的探索与创新［M］．徐州：中国矿业大学出版社，2023．

[37] 陈冠岚，李曼，曹春秋．新时代的高校德育实践创新研究［M］．北京：中国民主法制出版社，2023．

[38] 邢良．高校德育引导与学生管理创新研究［M］．北京：北京工业大学出版社，2022．

[39] 靖治，陈鹏悦，何红娟．高校德育与心理健康教育研究［M］．延吉：延边大学出版社，2022．

[40] 沈楠．具身德育在高校思政教育中的应用研究［M］．昆明：云南人民出版社，2024．

[41] 杨士卿．传统文化融入高校德育工作的理论与实践研究［M］．北京：中国建材工业出版社，2024．

[42] 任少波等．高校德育共同体［M］．杭州：浙江大学出版社，2019．

[43] 鲍荣娟，常雪，吴迪．高校德育工作创新实践研究［M］．长春：吉林出版集团股份有限公司，2021．

[44] 周翠．高校美育德育的当代发展研究［M］．北京：中国纺织出版社，2021．

[45] 钱昭楚，乔海英，首兰兰．高校德育教育理论教育教学改革与创新［M］．北京：中国商务出版社，2023．